Francesco Fontana

MARATEA CALCIO

NOVANT'ANNI DI PASSIONE (1933-2023)

MARATEA
AMAZON KDP
2023

Testo di Francesco Fontana.
Le fotografie sono state fornite da Biagio Avigliano, Biagio Calderano, Ettore Maestri, Filippo Maimone, Raffaele Montesano, Antonio Morelli, Emiliano Polisciano, Giacomo Ricciardi, Michele Talarico e Vito Tedesco.
Le suddette sono riprodotte ai sensi degli artt. 90, 91 e 92 della Legge 633/1941 e mm. ii. ss.
L'impaginazione è di Luca Luongo.

Indice.

Prefazione

da Sheffield a Maratea:
come il calcio arrivò nella Lucania tirrenica

Gli italiani amano poco lo sport: gli italiani allo sport preferiscono lo scopone. All'aria aperta preferiscono la clausura in una bettola caffè, al movimento la quiete intorno a un tavolo. Osservate una partita di *foot-ball*. Essa è un modello della società individualistica; le personalità vi si distinguono gerarchicamente, ma la distinzione avviene non per carriera, ma per capacità specifica; c'è il movimento, la gara, la lotta, ma essi sono regolati da una legge non scritta che si chiama lealtà, e viene continuamente ricordata dalla presenza dell'arbitro. Paesaggio aperto, circolazione libera dell'aria, polmoni sani, muscoli forti, sempre tesi all'azione. Una partita allo scopone. Clausura, fumo, luce artificiale. Urla, pugni sul tavolo e spesso sulla faccia dell'avversario o del complice. Lavorio perverso del cervello (!) Diplomazia segreta. Carte segnate. Strategia delle gambe e della punta dei piedi. Una legge? Dov'è la legge che bisogna rispettare? Essa varia da luogo a luogo, ha diverse tradizioni, è occasione continua di contestazioni e di litigi. La partita a scopone ha spesso avuto come conclusione un cadavere e qualche cranio ammaccato. Non si è mai letto che in tal modo si sia mai conclusa una partita di *foot-ball*.

(Antonio Gramsci, 6 agosto 1918)[1]

Ah, se Gramsci avesse potuto vedere la Serie A dei nostri tempi!

[1] Cfr. *Sotto la mole (1916-1920)*, Torino, Einaudi, 1960, pp. 433-434.

Scherzi a parte, questo poco conosciuto articolo è estremamente interessante. Qui Gramsci esalta uno sport – che nell'Italia della sua epoca era ancora cosa relativamente nuova – mettendolo in relazione con un gioco proverbialmente da bettola, come egli stesso scrive, ma che a suo dire era meglio rappresentativo del carattere degli Italiani.

Invece, da lì a pochi decenni, la Storia lo avrebbe smentito, perché il calcio stesso sarebbe divenuto lo sport più amato e praticato nella Penisola.

È strano notare che un aspetto tanto importante nel costume e nella società di una nazione sia stato così poco considerato dagli storici. Prima del lancio della rivista Lancillotto & Nausica, *le uniche notizie sulla storia di questo sport provenivano dagli almanacchi compilati da giornalisti di settore o appassionati.*

In realtà, la storia del calcio in Italia va ben oltre quanto si può evincere da una serie di statistiche. Ciò a partire dalla sua origine e diffusione, la quale è legata alla prima industrializzazione del nostro Paese.

È noto che il calcio, così come modernamente inteso, si è differenziato dal rugby, gioco con cui ha origini comuni, a metà del XIX secolo. Nel 1855 furono codificate le prime regole del foot-ball, *nome destinato a indicare il nuovo sport in tutta Europa fino ai primi del Novecento. Nonostante sopravvivessero alcuni caratteri arcaici del gioco – ad esempio: si giocava in dodici per squadra, non c'era portiere ed era quindi consentito il* fair catch, *cioè la possibilità del giocatore di intercettare il passaggio dell'avversario con le mani e poi giocare il pallone con i piedi verso i propri compagni – a quell'epoca si ascrivono le prime squadre. Lo* Sheffield Football club, *fondato nel 1857, è universalmente riconosciuto come la più antica società calcistica al mondo.*

In Italia, invece, il foot-ball *arrivò verso gli anni '80 del XIX secolo con delle regole già molto più simili a quelle che conosciamo oggi. Fu importato dagli inglesi che investivano i propri capitali nella nascente industria nazionale, per lo più concentrata nel celebre "triangolo industriale" del Nord-Ovest. Questo il motivo per cui proprio lì, tra Piemonte, Liguria e Lombardia, nacquero le prime squadre italiane. La prima di cui si ha notizia fu il* Torino Foot-ball & Cricket club, *fondato nel 1887 da Edoardo Bosio e i suoi colleghi inglesi di un'industria tessile. Due anni dopo nacque il* Nobili Torino, *fondato per interessamento del duca degli Abruzzi Luigi Amedeo di Savoia, grande appassionato del nuovo sport. Nel 1891 le due squadre si fusero per dar vita all'*Internazionale Torino.

Oggi nessuna di queste squadre esiste più. La maggior parte dei primi sodalizi calcistici italiani ebbe vita breve, sciogliendosi quando il gruppo dei fondatori perdeva coesione o magari, più semplicemente, le forze di giocare.

Fecero eccezione il Genoa Foot-ball & Cricket club, *nato nel 1893 per iniziativa di alcuni assicuratori inglesi che lavoravano con le società nautiche del porto di Genova (questa è la più antica tra le squadre italiane ancora in attività) e l'*Associazione Calcio Milan, *fondata nel 1899 da operai tessili anglo-italiani. Nonostante il duraturo successo di questi sodalizi, talvolta i soci litigavano: per una divergenza sull'avere o meno giocatori* *stranieri, ad esempio, dal Milan si separarono coloro che, nel 1908, fondarono l'*Internazionale Milano.

*Andandosi vieppiù diffondendo il nuovo sport, nacquero squadre anche in altre regioni della Penisola, qui molto più spesso per l'estensione dell'attività di circoli, palestre e società polisportive. Fu il caso dell'*Udinese, *nata nel 1896, della* Società Sportiva Lazio, *nata nel 1900 e tutt'ora impegnata in più sport, e del* Bologna, *nato nel 1908 come squadra di un circolo turistico...!*

Invece, un caso a sé fu quello della Juventus, *nata nel 1897 per iniziativa di un gruppo di studenti 14enni e 15enni di un liceo classico di Torino (da qui il nome e il latino). Questa squadra ebbe un ruolo abbastanza marginale nei primi campionati di calcio italiani, dominati dal Genoa, salvo poi vincere il suo primo titolo nel 1905, quando anch'essa legò il suo nome a un industriale, lo svizzero Alfred Dick. Ma, nell'anno successivo, a causa del suo pessimo carattere, Dick fu estromesso dalla squadra e per ripicca fondò il* Torino Football club, *che negli anni '50 divenne una protagonista del calcio italiano. I bianconeri passarono poi a quella che era destinata a divenire la principale dinastia industriale italiana, la famiglia Agnelli, e con loro avviarono un ciclo di vittorie detto "Quinquennio d'oro".*

Proprio in quel periodo il calcio si diffondeva anche nel resto d'Italia, grazie anche alle politiche fasciste che sostenevano le pratiche sportive a fini propagandistici. La coincidenza delle vittorie della Juventus con la maggiore diffusione di questo sport garantì ai bianconeri il primato di tifosi, tutt'ora perdurante, nella Penisola e in particolare nel Mezzogiorno.

«Quello della Juventus è stato primo grande mito fuori dal campo politico, sociale ecc. che il Nord abbia offerto, oltre che a sé stesso, anche al Mezzogiorno: un tipo di mito attinente ai gusti e al costume di una moderna società di massa, per cui il Mezzogiorno era solito guardare fino allora alle cronache e al cinema americano», *- scrisse nel 1969 il prof. Giuseppe Galasso, grande storico napoletano e tifoso della Vecchia Signora.* - «Da questo punto di vista la Juventus è stata per il tifo calcistico meridionale come il primo amore, il più difficile da abbandonare o dimenticare»[2].

Al di là del romanticismo - che senza dubbio nello sport ha la sua importanza - va anche considerato che al Sud la pratica del calcio si diffuse più lentamente che al Nord. Come detto, la ragione è nel legame tra la diffusione del calcio e l'industria: la minor presenza di grandi impianti industriali del Mezzogiorno rallentò la proliferazione di squadre. Non è un caso che le prime società calcistiche del Mezzogiorno furono proprio il Club Football Challenge, *fondato nel 1901 a Bari da studenti che avevano conosciuto il calcio attraverso i marinai inglesi che arrivavano nel porto pugliese e il* Puteoli Sport, *fondato nel 1902 dopo che gli operai della Armstrong, il grande complesso metallurgico britannico lì impiantato una ventina d'anni prima, avevano diffuso il nuovo sport in zona.*

[2] Cfr. G. GALASSO, *Perché la Juve è così popolare nel Sud?*, in «La Stampa», 8 febbraio 1969, p. 19.

Ma, dopo la Grande Guerra, il ritorno nelle province di origine dei soldati meridionali, che avevano appreso i rudimenti del gioco dai commilitoni settentrionali, fece diffondere capillarmente il calcio anche nel Mezzogiorno.

Le prime pratiche del nuovo sport in Basilicata sono registrate appunto nei primi anni '20. Al 1921 risale la prima partita di cui abbiamo notizia su suolo lucano: fu disputata tra lo Sport Club Lucano, *fondato a Potenza nell'anno precedente, e una rappresentativa del 29° Reggimento Fanteria.*

Al 1922, invece, risale la prima notizia inerente al calcio a Maratea. All'epoca la nostra Città contava circa 5.700 abitanti (sebbene molti dei censiti fossero in realtà emigranti in varie parti del mondo), vantava una condizione economica ben migliore del resto della provincia, una vivace vita politica e istituzioni assistenzialistiche e scolastiche che la rendevano un punto di riferimento per i paesi vicini. In più, nel 1918 era anche divenuta ufficialmente la prima stazione balneare lucana.

Questa prima notizia è giunta sino a noi grazie a un fatto che ora, a distanza di 101 anni, possiamo definire simpatico senza tema di offendere alcuno. Nei primi giorni di dicembre di quell'anno, una bimba dell'asilo dell'Istituto De Pino-Matrone-Iannini fu colpita da una pallonata. Il presidente dell'istituto denunciò l'accaduto al sindaco, specificando che la bambina era stata «colpita in pieno da una palla lanciata da un giocatore del foot-ball»[3].

[3] ARCHIVIO COMUNALE DI MARATEA, *Registro delle delibere e delle ordinanze (1916-1930)*, ordinanza n. 45 del 5 dicembre 1922.

È davvero straordinario che una Città come la nostra, seppure così piccola, possa ricostruire con tanta precisione la storia dell'arrivo e dello sviluppo di una pratica sportiva di cui, peraltro, gli storici del resto d'Italia si sono, finora, abbastanza disinteressati. E sono ancora più straordinari l'impegno e la perizia con cui Francesco Fontana ha composto questo lavoro, in cui la storia del Maratea Calcio *è ricostruita con materiale d'archivio, con ricerche su fonti bibliografiche e giornalistiche nonché con decine di interviste ai protagonisti di questa storia, la quale rappresenta senza dubbio uno specchio fedele di quella che Gramsci chiamava* «struttura economico-politica degli stati»... *ma che noi, più romanticamente, definiremo lo "spirito" di una comunità.*

Questo "spirito" è, in fondo, il vero protagonista dei lavori compilati dagli storici: non un'entità metafisica, ma una parola semplice ed evocativa con cui indichiamo le caratteristiche che più vivamente emergono dalle scelte e dalle azioni che un soggetto storico mette in campo per affrontare la propria vicenda mondana, nella buona o cattiva sorte. E poco o nulla importa quale storia si stia scrivendo: politica, economia, sport... Ciò non solo perché ogni aspetto della vicenda umana deve avere la propria dignità per lo studioso, ma anche perché, appunto, in tutte queste e in altre ancora sempre quello "spirito" sarà presente.

Non sorprende, allora, che scorrendo le pagine di Francesco non solo incrociamo eventi e personaggi ben noti nella storia civile, politica ed economica della Città, ma i motivi ricorrenti di quelle storie. C'è un'istituzione, la squadra, che nasce per portare in alto il nome di Maratea, ci sono difficoltà di ogni tipo, battute di arresto, momenti bui ma anche di gloria. La nostra Città è piccina e le sue risorse sono quelle del piccolo paese: ciononostante, la tenacia, il lavoro e la passione dei marateoti – quelle stesse forze che hanno permesso alla nostra Comunità di vivere in un relativo benessere a discapito delle deficienze del nostro territorio, bellissimo ma avaro di risorse – permettono di raggiungere traguardi anche superiori alle realistiche possibilità. Ciò, ovviamente, ha un prezzo: ai limiti delle istituzioni civili e politiche, le cui forze sono proporzionate alla misura del piccolo paese, sopperiscono le famiglie, che con propri sacrifici riescono a tramandare da una generazione all'altra idee, progetti e capacità: ecco perché, in questa storia come in quelle di altri ambiti, tante volte i nomi si ripetono.

Proprio ai nomi Francesco ha dedicato molta attenzione, volendone ricordare quanti più possibile: ma ciò non per fare – è il caso di dire! – un "album di figurine", bensì per la consapevolezza che, in ultima analisi, sono proprio loro, le persone, a fare la Storia.

LUCA LUONGO.

Nota dell'autore.

Nel mese di novembre 2022, avendo ripreso a commentare in presa diretta le partite del Maratea, *la mia passione per le statistiche mi ha portato ad avviare qualche ricerca sulle ultime stagioni della squadra granata per poter arricchire le mie telecronache con curiosità, aneddoti e statistiche da fornire in tempo reale.*

Il materiale contenuto nel mio archivio personale, avendo iniziato a seguire la squadra dal 2012, era ampiamente sufficiente a seguire gli anni di attività della squadra sotto il nome di FC Maratea, *ma, poiché l'appetito vien mangiando, c'è voluto poco affinché nascesse in me il desiderio di andare alla ricerca di dati, aneddoti e storie del passato meno recente del* Maratea Calcio. *Ho iniziato quindi a contattare persone che sapevo avessero fatto parte della squadra negli anni della mia prima infanzia e la loro immediata disponibilità ha fatto sì che io mi rendessi conto di quanta Storia avesse il* Maratea *e di come, attualmente, essa stesse finendo nel dimenticatoio.*

Addentratomi in questo mare di storie, l'idea di raccoglierle in un libro per farle conoscere il più possibile, e allo stesso tempo conservarne la memoria per il futuro, è stata immediata.

Francamente, la prima idea è stata quella di realizzare un almanacco. Ma presto mi è stato evidente che i freddi numeri non sarebbero bastati a raccontare tutto ciò che andavo scoprendo. Ecco allora l'idea di lanciarmi nella sfida – per me inedita – di scrivere un libro di storie della Storia della squadra.

Un ulteriore spinta mi è giunta dalla scoperta, durante le prime ricerche, del fatto che fossimo prossimi al 90° anniversario della fondazione della prima squadra di calcio a Maratea. Come detto, la disponibilità di coloro che hanno fatto parte di questa Storia e ne hanno scritto le pagine è stata immensa.

Ecco dunque come si è giunti alla realizzazione di questo mio lavoro. È doveroso per me fare alcuni ringraziamenti. Il primo va al mio grande amico Luca Luongo, che ha messo a mia disposizione la sua esperienza nel settore editoriale e nelle ricerche di Storia locale. Calorosi e sentiti ringraziamenti vanno, naturalmente, a coloro che mi hanno aperto i loro cassetti dei ricordi per permettermi di realizzare questo lavoro: Gabriele Accardi, Umberto Annuzzo, Biagio ed Elio Avigliano, Biagio Belvedere, Gabrele Carluccio, Biagio D'Attoli, Pierfranco De Marco, Luigi Elio Ferrante, Giovanni Fiorillo, Giovanni Fontana, Domenico Formica, Franco Iaria, Lillino Lammoglia, Gaetano Lenti, Biagio Longo, Giuseppe Maimone, Ettore Maestri, Luca Marotta, Armando Panza, Emiliano Polisciano, Giacomo Ricciardi, Francesco Schettino, il prof. Francesco Sisinni, Michele Talarico, Vito Tedesco, Aldo Trotta, Biagio Velardi e Franco Vitolo.

Nonostante il lavoro mi abbia preso nove mesi, risulta ovvio che le fonti non permettono di ricostruire nei minimi dettagli questi novant'anni di Storia – come sarebbe stata l'intenzione nella mia più alta ambizione – ed è molto probabile, per non dire certo, che in questo lavoro mancherà, malgrado i miei sforzi, il ricordo e la menzione di qualcuno che pur tanto ha fatto per il Maratea Calcio. *A proposito, tanto di coloro che hanno scritto la storia del* Maratea *non sono più, purtroppo, ancora con noi. Mi piace pensare che questo mio lavoro possa essere un modo per conservarne il ricordo, perché «solo chi viene dimenticato muore davvero».*

F. F.

1.
Fischio d'inizio

Quinquennio d'oro è l'espressione con cui viene indicato il periodo in cui la Juventus è protagonista del primo grande ciclo vincente della storia del calcio italiano. Per ben cinque stagioni consecutive, dal campionato 1929-30 a quello del 1934-35, la squadra torinese domina la neonata Serie A grazie a una formazione di campioni: il *trio dei ragionieri* Gianpiero Combi, Virginio Rosetta, Umberto Caligaris, gli oriundi Luis Monti e Raimundo Orsi, il futuro due volte campione del mondo e ct della Nazionale Giovanni Ferrari e quel Renato Cesarini specialista dei gol nei minuti finali che spingerà i giornalisti a coniare il termine *zona Cesarini*. È un'epoca in cui il calcio non è ancora radicato nel cuore degli italiani, al punto che la notizia dell'Italia vincitrice del Mondiale del '34 divide la prima pagina della *Gazzetta dello Sport* con la celebrazione del trionfo della *locomotiva umana*

Learco Guerra al Giro d'Italia. L'impatto sociale di questa Juventus è immenso e dà un contributo decisivo nell'elevazione del tifo dalla dimensione locale a quella nazionale; milioni e milioni di persone in tutta Italia si innamorano della *Signora* e la passione per il calcio inizia ad ardere in tutta la penisola.

Così accade anche a Maratea, dove le gesta dei bianconeri scaldano il cuore di tanti ragazzi e in particolare quello del poeta Pasquale Epifanio Iannini. Nato nel 1906 e avvicinatosi fin da bambino alla poesia e alla musica, Iannini si è già fatto notare nel panorama culturale marateota componendo nel 1932 l'*Inno a San Biagio*, santo patrono di Maratea, per celebrare il 1200° anniversario della leggendaria traslazione delle reliquie del santo dall'Armenia a Maratea. Negli anni successivi Iannini si affermerà come poeta, grazie a opere come i *Canti del Vulture* e *Terra mia*, ottenendo un notevole successo anche in Sudamerica, dove si trasferirà per sette anni nel Dopoguerra. Oltre alla poesia e alla musica Iannini ha una terza grande passione: lo sport. È il 1933 quando il poeta si adopera per l'organizzazione della prima corsa ciclistica di Maratea, disputata nel mese di maggio sul percorso Maratea centro-Acquafredda di Maratea-Maratea centro, vinta da Raffaele Diotallevi alla media di 27 km/h e con lo stesso Iannini grande protagonista della gara ma rallentato da due forature che lo fanno scivolare al quarto posto finale. Poliedrico anche nello sport, Iannini s'impegna anche per la promozione del canottaggio, organizzando una serie di gare al Porto di Maratea. Come detto, il suo cuore s'infiamma anche per il calcio, grazie alle imprese della Juventus, e sull'onda dell'entusiasmo Iannini raduna un gruppo di giovani appassionati, attingendo soprattutto dal Porto, e nell'estate 1933 dà vita all'A.S. Audax Maratea, la prima squadra di calcio della storia marateota. Colori sociali, neanche a dirlo, il bianco e il nero a strisce verticali, come la Juve. Fatta la squadra serve un campo di gioco, di cui ovviamente Maratea è sprovvista, ma la fantasia e l'inventiva di Iannini superano l'ostacolo: due porte in legno, linee tracciate col gesso ed ecco che lo spiazzo di Largo Monastero si trasforma nel primo campo sportivo di Maratea.

Creata la squadra e approntato un campo di gioco – per quanto rustico – Iannini procede all'affiliazione dell'Audax Maratea presso il Direttorio della XV Zona della FIGC, l'attuale Comitato Regionale, in previsione della partecipazione al girone regionale di Terza Divisione 1933-34, la serie più bassa prevista nel calcio italiano. Ma non vedrà mai la luce: il calcio lucano è ancora in fase embrionale ed è ben lontano dai livelli di sviluppo raggiunti nelle regioni del Centro-Nord, in Campania, Puglia e Sicilia e persino dalle colonie africane, dato che nelle stagioni precedenti erano stati organizzati gironi di Seconda e Terza Divisione in Tripolitania e Cirenaica, due regioni libiche. Può sembrare curioso a prima vista, ma com'è noto il calcio e lo sport in generale hanno avuto un ruolo fondamentale nella concezione politica fascista e non c'è dunque da stupirsi se fra le iniziative intraprese dal regime nelle colonie vi è stata anche una decisa promozione dello sport. Vette massime di questa politica sono l'organizzazione di campionati calcistici locali, la creazione dell'Autodromo della Mellaha - alle porte di Tripoli - teatro di uno dei più prestigiosi Gran Premi automobilistici degli anni Trenta e la disputa del Giro ciclistico della Quarta Sponda. Scorrendo i nomi delle squadre iscritte ai gironi libici (Autoblinda, Milizia, 2ª Legione Libica, Avanguardia Gioventù Fascista, Coorte Cirenaica e via dicendo...) ne appare evidente la matrice militare, la stessa che caratterizza una parte importante degli albori del calcio in Basilicata.

Attore protagonista della nascita del calcio in Basilicata è Alfredo Viviani, un impiegato delle poste di Potenza con una passione smisurata per lo sport, che nel 1920 fonda nel capoluogo lo Sport Club Lucano, polisportiva con sezioni di calcio e atletica leggera. Un anno dopo, presso il 29° Reggimento di Fanteria, di stanza proprio a Potenza, arriva un folto gruppo di reclute provenienti dal Piemonte, dove il calcio è già parte della quotidianità dei ragazzi, e sono loro a dare linfa allo sviluppo del calcio potentino. L'entusiasmo e la passione prodotti dalle prime partite disputatesi a Potenza si allargano a macchia d'olio e nel corso degli anni Venti si costituiscono le prime società calcistiche in vari paesi lucani. A ciò si aggiunge l'opera del regime fascista, che porta alla creazione di una serie di squadre all'interno dei Fasci Giovanili di Combattimento di paesi come Brienza, Forenza, Moliterno, Montalbano Jonico, Satriano di Lucania, Sasso di Castalda, Senise e Tito.

Nell'inverno 1933-34, mentre lo Sport Club Lucano viene per la prima volta ammesso a partecipare al girone campano di Seconda Divisione, il neoeletto presidente del Direttorio lucano della Federazione Italiana Giuoco Calcio (F.I.G.C.), il dott. Vincenzo Salerno, prova ad organizzare un campionato di Terza Divisione in Lucania, trovandosi però a fare i conti con squadre e società troppo acerbe e con una grande carenza di strutture adeguate, decidendo così di rimandare l'organizzazione alla stagione successiva in modo da sfruttare i mesi a disposizione per dare maggior impulso al movimento calcistico lucano. A tal fine vengono costituiti una serie di Comitati locali per promuovere e organizzare il gioco del calcio. Uno di questi viene creato proprio a Maratea, con presidente il prof. Enzo D'Orlando e componenti Francesco Mordente e il gerarca fascista Filippo Bombace. Malgrado i ripetuti tentativi di Salerno, le difficoltà economiche e la scarsità di campi da gioco faranno sì che non si riuscirà ad organizzare un campionato regionale né per il 1934-35 né per le stagioni successive, prima che lo scoppio della Seconda Guerra Mondiale cambi decisamente le priorità.

In mancanza di un campionato e vista la lontananza da Potenza e dal Vulture-Melfese, dove vengono organizzati in quegli anni alcuni piccoli tornei locali, le prime partite disputate dall'Audax Maratea sono dunque amichevoli con squadre del circondario. A dirigere la squadra c'è ovviamente Pasquale Epifanio Iannini e al suo fianco c'è Giuseppe Greco, anch'egli socio fondatore. Si gioca per divertirsi, senza nulla in palio se non la gloria, e alla gloria sono consegnati i nomi dei primi grandi calciatori marateoti: Salvatore Raele, uomo di grande lealtà e con spiccate doti da leader, è il primo capitano della storia del Maratea.

Dionisio Romano, un pescatore del Porto che è stato socio fondatore della squadra, in campo abbina alle innate doti tecniche una notevole intraprendenza tattica grazie alla sua smisurata passione per il calcio che lo ha portato a conoscerne tutti i segreti.

Ma il primo fuoriclasse consacrato dall'affetto del pubblico è il portiere della squadra, Francesco Zaccaro detto *'I Gnoàgno*. Coraggioso, spericolato, determinato, Zaccaro fa immediatamente breccia nel cuore di un pubblico che, neofita del calcio, vede nel portiere, folle per definizione, una sorta di supereroe pronto a volare da un palo all'altro per difendere la sua porta.

Il primo campo sportivo di Maratea è dunque Largo Monastero, ma sorge ben presto un problema: sul Largo si affaccia l'Istituto Magistrale femminile De Pino-Matrone-Iannini e per l'epoca nelle sue vicinanze è «*assolutamente intollerabile la presenza di un campo sportivo maschile perché causa di rumore o comunque distrazione*» per le giovani educande. Occorre dunque trovare un sito per realizzare un nuovo stadio e il 7 luglio 1934 il Podestà di Maratea, prof. Antonio Schettini, delibera che il Comune si farà carico della spesa di 300 Lire per il noleggio di un podere per la realizzazione del Campo Sportivo del Littorio. Nella delibera del 5 ottobre dello stesso anno Schettini annuncia di aver raggiunto un accordo con la sig.ra Rosa Siciliano per il noleggio quinquennale del suo podere sito in località San Nicola, ritenuto ideale per la creazione dello stadio. Passa solo un mese però e il Podestà cambia idea, annullando la precedente delibera e affermando, in data 24 novembre 1934, che ritenuto più conveniente l'acquisto di un podere piuttosto che il suo noleggio, si dà incarico all'ing. Francesco Schettini di realizzare un progetto dello stadio nel terreno che lui riterrà adatto e per il quale il Comune procederà poi all'esproprio. Schettini si mette al lavoro e nel giugno 1935 consegna il progetto relativo alla realizzazione di un campo di calcio con pista d'atletica in località Sopra la Grotta, nel terreno oggi compreso tra la SP 3 e il Villaggio Primavera, dal costo complessivo di 66.500 Lire. Il progetto viene inviato al Prefetto di Potenza per l'approvazione, ma viene rispedito al mittente perché il medico provinciale nel documento del 5 luglio 1935 relativo al suo parere in linea tecnico-sanitaria fa notare che «*non sono stati previsti né spogliatoi, né docce, né latrine*». L'ing. Schettini corregge dunque il progetto, che ottiene parere favorevole dal medico provinciale dott. Del Vecchio il 22 febbraio 1936, ma nel frattempo a bloccare l'iter è arrivato un reclamo contro l'esproprio, presentato dalla famiglia Limongi proprietaria del terreno, in particolare dalla sig.ra Maria Brando, vedova del defunto Bernardino e madre di cinque figlie minorenni. La famiglia Limongi lotta strenuamente a difesa della proprietà del podere, ove sorgono gli alberi da frutto che costituiscono la sola fonte di reddito della famiglia, e invita il Prefetto di Potenza a inviare emissari del genio civile a Maratea per verificare, mediante un sopralluogo, come il terreno in località Sopra la Grotta non sia ideale per la realizzazione di un campo a costi contenuti e che gli debbano essere preferiti altri poderi come quello della sig.ra Siciliano già individuato dal Comune nel 1934. Il Podestà Costantino D'Alitto, in una lettera al Prefetto di Potenza del 31 gennaio 1936, pur ribadendo la volontà di realizzare il campo in località Sopra la Grotta si dice disposto all'attendere l'esito del sopralluogo, a patto che esso sia a carico dei reclamanti e che si svolga in presenza anche dell'ing. Schettini. La risposta del genio civile arriva però, in rispetto alla gloriosa tradizione della pachidermica burocrazia italiana, solo nel 1941, quando il Prefetto spiega che dal sopralluogo sono emerse effettivamente difficoltà costruttive che consigliano di spostare il sito prescelto in località San Nicola. Meno di un anno dopo è lo stesso prefetto a fare dietro-front, dichiarando come in seguito ad interviste a marateoti non coinvolti nella vicenda sia emersa la chiara volontà della cittadinanza di avere il campo il più vicino possibile al centro storico e dunque dà il via libera al progetto Schettini in località Sopra la Grotta, fatto salvo un piccolo dettaglio: è il 1942, l'Italia è in guerra e ai Comuni è fatto divieto di contrarre mutui e spendere denaro in opere pubbliche non urgenti, dunque bisogna attendere ancora. Il 10 luglio 1943 però gli Alleati sbarcano in Sicilia e in quell'estate i marateoti si ritrovano la guerra in casa. Nell'agosto e nel settembre del 1943 Maratea viene più volte bersagliata da bombardamenti e mitragliamenti degli Alleati. Fortunatamente, nessun marateota soccombe, ma i danni sono vari. Per di più, i marateoti partecipano con grande solidarietà all'assistenza dei feriti provenienti da Sapri e Lauria, anch'esse bersaglio degli Alleati e che invece pagano un pesante bilancio in vite umane. Con questioni ben più urgenti a cui pensare, il pallone e la questione stadio escono dalla testa dei marateoti. Se ne riparlerà a guerra finita.

2.
Turrita, Turrita, Turrita...

«*Quota 2.000 metri. QDM su Pino, poi tagliamo su Superga*» sono le ultime parole del tenente colonnello Pierluigi Meroni. Sono le 16:59 del 4 maggio 1949 e Meroni sta pilotando l'aereo trimotore Fiat G.212 con a bordo il Grande Torino. Alle 17:03, a causa della fittissima nebbia, del forte vento e dell'altimetro bloccato sui 2000 metri, l'aereo va a schiantarsi a 180 km/h contro il terrapieno posteriore della basilica di Superga. In un istante una delle squadre più forti di tutti i tempi abbandona così la vita terrena, ma non il cuore di milioni di tifosi e appassionati. Fra questi vi è un gruppo di ragazzi di Maratea che proprio nel '49 sta accarezzando l'idea di ricreare una squadra di calcio nella città e che, al momento di scegliere il colore delle maglie, non ha dubbi: granata, come il Grande Torino.

Leader dell'iniziativa è un personaggio che da questo momento diventerà un elemento chiave per il calcio marateota, il geom. Biagio Vitolo. Nato nel 1923, figlio dell'omonimo Cavaliere, ex Podestà e Sindaco di Maratea, Vitolo si è appassionato al calcio sin da ragazzino ed è stato un accanito tifoso dell'Audax Maratea, poi crescendo ha indossato in prima persona gli scarpini da calciatore avendo anche l'occasione di giocare al fianco dei suoi beniamini, come dimostra una rarissima foto risalente al periodo bellico in cui compare in un gruppo di calciatori a Largo Monastero assieme al suo fratello minore Gerardo e a due colonne dell'Audax, i già citati Romano e Zaccaro.

Impiegato presso il genio civile di Potenza, Vitolo ha la possibilità di seguire da vicino le vicende della Lega Regionale Lucana, l'organo che ha preso il posto del Direttorio e che il 6 giugno del 1949 vede dimettersi il suo responsabile, dott. Giovanni Brienza. La Federazione opta per il commissariamento della Luca Lucana e la scelta per la nomina a Commissario ricade sull'avv. Umberto Di Pasca, già Commissario e Presidente della Lega Regionale Giovanile. Entra così in scena uno dei personaggi che faranno la storia del calcio lucano. Di Pasca si ritrova a dirigere una Lega che conta sole sei società affiliate, ma con orgoglio e fiducia si rimbocca le maniche e si mette subito al lavoro. I frutti arrivano subito, molte società procedono l'affiliazione e Di Pasca può iniziare ad organizzare il campionato regionale di Seconda Divisione, dando finalmente vita a quel sogno che tanto era stato inseguito dai lucani negli anni Trenta.

Appresa la notizia, Vitolo non ci pensa due volte a radunare i suoi amici e compagni di gioco e il 17 luglio 1949 viene ufficialmente annunciata la nascita della nuova squadra di calcio di Maratea, che assume un nome destinato ad entrare nella leggenda, U.S. La Turrita Maratea. Il nome deriva dalla scelta di utilizzare come simbolo della squadra lo stemma comunale di Maratea, le Tre Torri sormontate da un'aquila bicipite. A realizzare lo scudetto viene chiamato il prof. Vittore Rapetti, che lo disegna magnificamente su undici pezzi di carta che verranno poi attaccati sulle maglie con un ferro da stiro prima delle partite e verranno staccati prima di procedere al loro lavaggio. Altri tempi! Colore sociale, come detto, il granata. Presidente del sodalizio è Vincenzo D'Alascio, mentre il segretario è l'ing. Gerardo Vitolo. E lo stadio? Vitolo provvede anche a questo: grazie all'amicizia con l'Oblato Raffaele Di Nunzio si riesce ad ottenere il via libera per la realizzazione del campo sportivo in località San Nicola, in un terreno di proprietà degli Oblati delimitato, lato monte, da una maestosa quercia che porterà il campo ad essere denominato stadio La Quercia.

Allenatore della squadra è lo stesso Padre Di Nunzio O.M.I., che allestisce un vero e proprio squadrone. Tre sono i bacini in cui si pesca per costituire la rosa: Maratea, Sapri e Scalea. Fra i locali c'è ovviamente Biagio Vitolo, centromediano metodista e capitano della squadra, e a completare il quadro dei marateoti sono il secondo portiere Biagio Limongi, che disputerà alcune gare da titolare, i terzini titolari Luigi La Torre e Mosè Camarda, che andranno a costituire una barriera difficilissima da superare, e l'attaccante Antonio Gambardella. Di Maratea è anche Antonino Pagliaro detto *Chilà,* che dopo aver giocato con la Turrita proseguirà la sua carriera in Puglia (ad esempio militerà nel Martina Franca) disputando campionati di livello interregionale. Dai paesi del circondario, in particolare Sapri e Scalea, provengono gli altri componenti della squadra come il portiere Vazzana, Casale, D'Onofrio, i due Ferraioli, Ciarno, Barbarella, Pepe, Brancaglione, Scarpetta e Napolitano.

Con il comunicato ufficiale n°6 del 29 settembre 1949 la Lega Lucana autorizza ufficialmente la Turrita a disputare quattro partite amichevoli tra agosto e settembre '49, con avversarie le squadre di Lagonegro, Lauria, Praia e Rivello, poi a marzo '50 finalmente è tutto pronto per l'inizio del campionato lucano di Seconda Divisione. La formula prevede una prima fase con gironi all'italiana con andata e ritorno e prime classificate che si qualificano alla seconda fase dove sono previsti altri quattro gironi, le cui vincitrici accederanno a quelle che oggi chiamiamo *final four*, semifinali e finali da disputare allo stadio A. Viviani di Potenza.

Il 16 marzo 1950 lo stadio La Quercia viene inaugurato con una grandiosa cerimonia alla quale partecipano ragazze e ragazzi in costumi storici, poi è il momento della Turrita, che scende in campo per la sua prima partita ufficiale: l'avversaria è il temibile Laurus di Lauria, ma il risultato è un perentorio 5-3 per i marateoti che mostra fin da subito la forza della compagine tirrenica. Il prosieguo del girone è infatti una cavalcata trionfale per la Turrita, che inanella vittorie su vittorie grazie a quelli che i tifosi battezzano gol a profusione. Il successo di pubblico della Turrita è infatti eccezionale, le partite sono seguite da centinaia di tifosi e i marateoti si organizzano anche per supportare la squadra in trasferta viaggiando a bordo del cassone di un camion. L'immagine desta certamente curiosità in chi si trova ad assistere al passaggio del carosello, ma non mancano episodi spiacevoli come quando, passando per Lauria, i tifosi sul camion diventano il bersaglio di un lancio di pietre da parte dei *supporters* locali, fortunatamente senza conseguenze grazie alla previdente scelta di installare un telone protettivo sul cassone del camion. Il girone F, composto da Turrita Maratea, Alpe Latronico, Castelluccio e Laurus di Lauria, viene vinto autorevolmente dalla squadra marateota che passa così alla seconda fase, dove trova Astra Tramutola, Castelluccio e Moliterno. Per la Turrita è un'altra cavalcata trionfale e il 29 giugno, alla chiusura del girone, la classifica vede la Turrita prima con 10 punti. I granata staccano così il biglietto per la fase finale di Potenza.

L'avvicinamento alle partite decisive è però minato da una serie di infortuni che decimano la squadra, che si presenta alla semifinale con la fortissima Juventina Potenza in formazione fortemente rimaneggiata. Nonostante ciò, i granata sbalordiscono il pubblico potentino riuscendo a portarsi in vantaggio addirittura per 2-0 contro la favoritissima squadra di casa, prima che nel secondo tempo la maggiore freschezza dei potentini gli consenta di ribaltare il punteggio e di imporsi per 3-2, guadagnandosi così la finale che vinceranno per sorteggio contro l'Aurora Montalbano. Ad una Turrita ormai stanca resta ancora da giocare la finalina per il terzo posto, persa 4-1 con la Venusia di Venosa. Si conclude così l'epopea della Grande Turrita, che l'anno successivo non figurerà tra le iscritte al campionato regionale.

«*L'importante non è quello che trovi alla fine di una corsa, è quello che provi mentre corri*» è la frase che il prof. Martinelli (interpretato dall'indimenticabile Giorgio Faletti) rivolge al giovane Luca Molinari (Nicolas Vaporidis) in *Notte prima degli esami* (2006, regia di F. Brizzi) ed è perfettamente appropriata alla storia della Grande Turrita del 1950, una squadra che non ha concluso con la vittoria il suo campionato ma che ha conquistato in modo indelebile il cuore dei marateoti con la sua stupenda cavalcata. E ancora oggi, 73 anni dopo, quando si chiede della Turrita a chiunque l'abbia vista giocare è prassi vedere il suo viso illuminarsi e ascoltarlo accennare il ritornello de *La Turrita*, l'inno ufficiale della squadra composto nel '50 dal maestro Edoardo Limongi, che riportato per intero è probabilmente il miglior modo di concludere questo capitolo.

Maratea, Terra gentile,
s'è destata a nuovo vigor:
ha formato la sua "Sportiva"
e una squadra di calciator.
Sono atleti giovani e forti,
un sol blocco di volontà,
che, allenati da Padre Di Nunzio,
nessuno fermerà!

Turrita, Turrita, Turrita!...
Del calcio gli atleti noi siam
e vincere sempre vogliam!
Siamo la balda gioventù

di questo Lembo azzurro e blù
Turrita, Turrita, Turrita!...
Se tuona il pallone
al par d'un cannone
la squadra "Turrita"
un'altra partita
ancor vincerà!
E per Maratea gridiamo;
Uhrrà, uhrrà, uhrrà!

Le tre torri, stemma di gloria
dell'antica nostra Città,
ogni atleta porta sul petto
e più degno onor ne sarà!
All'attacco forte, incalzante
l'avversario dovrà piegar,
chè la forza d'un tiro diretto
la rete può sfondar…

Turrita, Turrita, Turrita!...
Del calcio gli atleti noi siam
e vincere sempre vogliam!
Siamo la balda gioventù
di questo Lembo azzurro e blù
Turrita, Turrita, Turrita!...
Se tuona il pallone
al par d'un cannone
la squadra "Turrita"
un'altra partita
ancor vincerà!
E per Maratea gridiamo;
Uhrrà, uhrrà, uhrrà!

3.

Ritorno col botto

È trascorso un decennio dall'epopea della Turrita e il mondo, l'Italia e Maratea stessa sono profondamente cambiati. La Guerra Fredda sta vivendo una delle sue fasi di maggiore tensione, l'Italia è in pieno *boom economico* e a Maratea si è stabilito dal 1953 l'industriale biellese conte Stefano Rivetti di Val Cervo, che insieme a suo padre Oreste ha avviato un tentativo di industrializzazione della zona con il lanificio R1 e dato un fondamentale impulso allo sviluppo del turismo con eventi e strutture come l'Hotel Santavenere. Dopo i fasti del '50 non c'è più stata una squadra di Maratea che abbia partecipato al campionato regionale e il calcio nella cittadina tirrenica è del tutto amatoriale, con partitelle tra amici che si sfidano sul terreno dello stadio La Quercia. Fra di essi c'è anche Biagio Vitolo, il capitano della Turrita, che è entrato intanto a far parte del Comitato regionale della FIGC. Nell'estate del '62 è proprio Vitolo, mosso dalla sua passione, a organizzare una serie di partite amichevoli con squadre del circondario come Lagonegro, Lauria, Sapri, Scario, Capitello, Vibonati, Praia, Agropoli... Essendo le gare non ufficiali non è raro che si decida di giocare in nove contro nove, viste le ridotte dimensioni del campo di gioco. La squadra di Maratea gioca con delle vecchie maglie granata utilizzate dalla Turrita, ma negli anni qualcuna è andata persa e a turno uno dei giocatori scende in campo con una propria maglia quanto più possibile simile alle altre. L'esito di queste amichevoli è sorprendente: il Maratea le vince tutte! Si fa dunque spazio fra i marateoti un'idea: riportare in vita la Turrita. Vitolo sente ardere in sé la fiamma dell'orgoglio da capitano di quella grande squadra e non ci pensa due volte: la Turrita Maratea si iscrive alla Seconda Categoria lucana 1962-63. Ormai 39enne, Vitolo sceglie di lasciare spazio ai più giovani e di ricoprire il ruolo di allenatore.

L'esordio non è dei migliori con la Turrita che viene sconfitta per 4-0 a Rotonda, ma Vitolo apporta delle modifiche alla formazione e da quel momento la squadra diviene un rullo compressore vincendo sette partite su otto e conquistando la vittoria del campionato. È il primo titolo nella storia del Maratea e la vittoria che mancava alla già leggendaria Turrita.

Il trionfo del '63 apre alla Turrita le porte della Prima Categoria, il massimo campionato regionale e la quinta serie italiana, ma per affrontare dignitosamente un impegno del genere occorre una società forte e ben strutturata e la vecchia Turrita, costituita nell'ormai lontano '49, va necessariamente rinnovata.

Il 23 agosto 1964 nasce ufficialmente lo Sports Club Maratea (col tempo Sports verrà trasformato in Sport). Tra i soci vi sono il geom. Biagio Vitolo, l'ing. Gerardo Vitolo, l'avv. Giacomo Fontana l'ins. Vincenzo D'Alascio e i cosiddetti *rivettiani* Taricco e Minoli, due tecnici stretti collaboratori del conte Rivetti. Amico del conte, sceso con lui dal Nord, è anche il capitano della squadra Gianpaolo Marchetto. Nonostante la vittoria della Seconda Categoria nella stagione appena conclusa, il cambio di società porta la squadra a dover ripartire dal livello più basso, la Terza Categoria.

La squadra è la seguente: Giovanni Carluccio è il portiere; terzini sono a destra Giacomo La Torre, figlio del Luigi terzino della Turrita del '50, e a sinistra Giovanni Limongi; i difensori centrali sono due futuri sindaci di Maratea: Giuseppe Della Morte stopper, e Mario Di Trani libero; Gianfranco Mazzei è a centrocampo insieme al capitano Gianpaolo Marchetto e alla mezz'ala Giovanni D'Angelo, di Scario; Francesco Schettino è l'ala destra, Biagio Trotta la sinistra; centravanti è Francesco Magliano, di Sapri; allenatore il mitico Biagio Vitolo. A completare la rosa ci sono altri elementi di spicco come Biagio Zaccaro, Giuseppe Limongi, Pasquale Stoppelli, Fernando Panza e un giovanissimo Pasquale *Lillino* Lammoglia, futuro allenatore e icona dei granata.

Ancora una volta però l'esordio lascia a desiderare, con i marateoti sconfitti per 4-1 dal Laurus a Lauria il 3 maggio 1964, così Taricco e Minoli decidono di organizzare un'amichevole con una squadra di ragazzini di Maratea per cercare nuovi elementi da aggregare alla rosa. A catturare l'attenzione dei due dirigenti è un giovane di 16 anni che gioca ala destra e riesce a mettere a segno ben due gol: si chiama Avigliano, Elio Avigliano. Inizia così l'avventura nel Maratea di un personaggio che diverrà un'autentica leggenda granata.

Il 10 maggio 1964, festa di San Biagio, patrono di Maratea, i tirrenici scendono in campo in casa contro il Castelluccio con Avigliano che debutta da titolare col numero 7. La partita non ha storia, i tirrenici vincono 2-0 con doppietta di Magliano. Sette giorni dopo è la volta della difficile trasferta sul campo della Fides Senise: ancora una volta Magliano va in gol, poi arriva il pareggio della squadra di casa, ma il Maratea torna in avanti e

Avigliano crossa per Magliano che si alza la palla col destro e col sinistro insacca al volo il gol che vale il 2-1 finale. La dirigenza prosegue intanto nell'opera di rafforzamento della squadra con l'arrivo dell'ala Giuseppe Pagliaro. I tirrenici hanno ora il vento in poppa e battono 2-1 in casa il Circolo Giovanile di Rotonda, poi è la volta del Laurus che al La Quercia viene superato per 3-0. A Castelluccio arriva una sconfitta per 2-1, ribaltata però dal verdetto del giudice sportivo dopo aver appurato che la squadra di casa aveva schierato un giocatore sotto falso nome. Il 21 giugno il Maratea vince in casa 2-0 contro il Senise e si presenta all'ultima giornata al comando della classifica, a pari punti con il Laurus. È un finale thrilling: mentre il Laurus impatta sul 2-2 a Senise, il Maratea cade per 5-4 a Rotonda, ma il risultato viene immediatamente messo *sub judice* da un reclamo dei marateoti e, qualche giorno dopo, arriva il verdetto: addirittura cinque giocatori del Circolo Giovanile Rotonda non erano tesserati per la società, dunque la partita viene assegnata a tavolino al Maratea che conquista così sul filo di lana la vittoria del girone C di Terza Categoria. Nei due campionati disputati il nuovo Maratea si è aggiudicato il titolo entrambe le volte, ricreare la squadra è stata decisamente una buona idea.

4.

A un soffio dal sogno

Sfruttando i ripescaggi per il riassetto dei campionati, nell'estate del 1965 il Maratea riesce ad approdare a quella Prima Categoria che aveva conquistato sul campo due anni prima. Visto il doppio salto di categoria è opportuno rinforzare adeguatamente la squadra, anche perché in porta c'è da sostituire il forte Carluccio che si è arruolato nei Carabinieri e si è trasferito in Sardegna. La scelta della dirigenza ricade su un giovane di Sapri di cui si dice un gran bene, Vito Marzano, che militerà nel Maratea fino al 1980 (salvo un breve periodo nella prima metà degli anni '70) confermandosi un asso della porta e diventando uno dei giocatori più amati dalla tifoseria granata. È la prima stagione da titolare fisso anche per un altro grande beniamino dei marateoti, Domenico Formica, terzino fluidificante con un fisico d'acciaio e grande intelligenza tattica, che giocherà in granata fino al 1984 (con in mezzo alcuni anni a Sapri) e tornerà come allenatore nel 1994. Altri innesti di valore sono lo stopper Smaldone, il libero Gerardo Giannattasio, il centrocampista Minieri, il centravanti Donati e l'ala Di Lascio.

Quest'ultimo è un professore che scende in campo con dei caratteristici occhiali da sole avendo perso un occhio, cosa che però non influisce minimamente sul suo rendimento in campo visto che si rivela un titolare inamovibile e con grande confidenza con il gol. Nel corso della stagione poi farà il suo esordio in granata anche un giovane di Acquafredda che si è già messo in mostra nella formazione di quella frazione, Giuseppe Guaglianone.

Il campionato prevede una serie di gironi all'italiana suddivisi per zone, con in seguito spareggi fra le prime per l'accesso alla Serie D. A comporre il girone D sono Maratea, Laurus, GIAC Lagonegro, Fides Senise, Moliternese e Castelluccio Inferiore. Il 9 gennaio 1965, in occasione dell'amichevole pre-campionato vinta per 4-2 sul Sapri, il *Corriere dello Sport* elogia la «*rara perizia dell'allenatore Vitolo*» e proclama la formazione granata favorita non solo per la vittoria del girone, ma anche del titolo regionale da conquistare con gli spareggi. E infatti l'inizio è promettentissimo, contrariamente agli anni precedenti il Maratea parte a razzo: vittoria 2-0 all'esordio a Senise il 7 febbraio, addirittura 8-2 al Castelluccio in casa (tripletta del solito Magliano, doppietta di Trotta, reti di Donati e Di Lascio e un'autorete), 1-1 a Moliterno e un sonante successo per 5-3 a Lagonegro. Il 21 marzo '65 si gioca lo scontro diretto con il Laurus, secondo a 2 punti dal Maratea e già principale rivale dei tirrenici nella stagione precedente. Quella di Lauria è una squadra fortissima, con giocatori di assoluto livello come i difensori Orrico, Pietro Schillizzi e Giuseppe Izzo, l'ala Cassino e i fratelli Carmine e Domenico Riccio. La partita, disputata al La Quercia, è praticamente un monologo del Maratea che però non riesce a trovare il gol e, come molto spesso accade in questi casi, passa in svantaggio alla prima occasione ospite, con Pesce che firma l'1-0 al 44'. Nella ripresa il Maratea continua a premere ma il Lauria, in contropiede, a momenti segna il 2-0: salva Formica con una rovesciata sulla linea a Marzano battuto. Nonostante gli sforzi però i granata non trovano il pareggio e con l'1-0 finale il Laurus aggancia il Maratea in vetta. Nel turno successivo però è proprio la squadra di Lauria ad impattare sull'1-1 a Lagonegro e il Maratea, vittorioso per 3-1 sul Senise (Magliano, autorete, Di Lascio) ritorna da solo al comando. Battuti anche Castelluccio (4-2), Moliternese (2-0) e Lagonegro (3-2 prima dell'abbandono degli ospiti), il Maratea arriva all'ultimo e decisivo scontro col Laurus in vantaggio di un punto. La partita di Lauria è però senza storia, i padroni di casa si impongono per 4-1 e scavalcano i granata proprio all'ultimo turno, conquistando l'accesso agli spareggi dove saranno poi sconfitti dalla Libertas Invicta Potenza.

Il Maratea che si presenta ai nastri di partenza del campionato 1965-66 è una squadra profondamente rinnovata rispetto all'anno prima: sono andati via elementi di spicco come Magliano, Mazzei, Di Lascio, Donati, La Torre e Smaldone e per sostituirli si è attinto al già florido vivaio marateota pescando giovani interessanti come il difensore Domenico Scordo, il centrocampista Nicola Manfredi, la mezzala Michele D'Alascio e il già citato Guaglianone che diventa l'ala sinistra titolare. Altri acquisti sono quelli del mediano Tancredi, del centrocampista D'Angelo II di Scario, del centravanti Vinci, molto atteso ma che renderà al di sotto delle aspettative, e del rientrante Giovanni D'Angelo. La squadra da battere è ancora il Laurus, ulteriormente rinforzatosi rispetto all'anno prima, per il resto nel girone ci sono nuovamente Lagonegro, Moliternese, Castelluccio Inf., Fides Senise e poi la matricola Acquafredda. Un momento, Acquafredda di Maratea?! Sì, perché la notizia bomba dell'autunno '65 è che anche la biancorossa squadra di Acquafredda, attiva già da diverse stagioni, si è iscritta alla Prima Categoria e dunque Maratea avrà due formazioni nel massimo campionato regionale. Il campionato non ha storia per quanto riguarda la lotta al vertice, il Laurus fa un campionato a parte, ma l'interesse degli appassionati marateoti è focalizzato sugli attesissimi derby tra SC Maratea ed Acquafredda. Il 6 febbraio 1966 arriva il giorno tanto atteso, per la prima volta nella storia due squadre marateote si affrontano in una partita ufficiale. Il pubblico, ovviamente numerosissimo, è nettamente suddiviso in due fazioni. Anche per i giocatori non è una partita come le altre, soprattutto per Guaglianone, nato e cresciuto ad Acquafredda e titolare dell'SC Maratea. Ecco le formazioni:

SC MARATEA: Marzano, Scordo, Formica; Tancredi, Minieri, Marchetto; D'Angelo I, Manfredi, D'Angelo II, Giannattasio, Guaglianone.

ACQUAFREDDA: Rizzuto II, Murrone II, Marinelli; Rizzuto I, D'Alascio, Monterosso; Donnantuono, Guerriero, Marotta, Murrone I, Martino.

La partita non ha storia, la cronaca di Domenico Limongi Fioravante riferisce di un solo tiro in porta dell'Acquafredda mentre il Maratea trova ben quattro gol grazie ai due D'Angelo, a Tancredi e a Minieri. Fioravante sottolinea anche come la gara sia stata disputata in modo correttissimo dai giocatori, particolare decisamente non da poco in una partita così sentita. Il 27 marzo si disputa il derby di ritorno, su un terreno reso pesantissimo dalla pioggia. L'Acquafredda si è rinforzato nel corso della stagione e la partita è molto più equilibrata: l'SC Maratea va subito in vantaggio con D'Angelo I, ma l'Acquafredda pareggia con Bonocore, quindi nuovo vantaggio granata con D'Angelo II e di nuovo pareggio, stavolta ad opera di Martino; al 75', quando l'idea del pareggio inizia ormai a prendere corpo, è il capitano dell'SC Maratea, Marchetto, a segnare il gol del definitivo 3-2. Sarà questo l'ultimo derby Maratea-Acquafredda, poiché quest'ultima squadra non parteciperà più alla Prima Categoria. Il campionato 1965-66 lo vince a mani basse il Laurus, precedendo di 4 punti il Lagonegro e di 7 l'SC Maratea che chiude così terzo.

5.

Sliding doors

Sliding Doors è un film di Peter Howitt del 1998 in cui la protagonista Gwyneth Paltrow si trova a dover prendere la metro al volo e mostra alternativamente i due differenti sviluppi che avrà la sua vita in base all'aver preso o meno quel treno. Dall'uscita di questo film il termine *sliding doors* è andato dunque ad indicare eventi che rappresentano un bivio capace di cambiare il corso di una storia e nella stagione sportiva 1966-67 per il Maratea di *sliding doors* ce ne saranno addirittura tre.

Il pre-campionato vede per prima cosa una grande novità: il rag. Gaetano Santoro diventa il nuovo presidente del Maratea. Santoro si attiva in prima persona per il calciomercato e il suo primo colpo è un autentico fuoriclasse: Vincenzo Ferrulli, 31enne attaccante che vanta presenze addirittura nel Torino e che è stato titolare per diverse stagioni nel Potenza in Serie B, dove ha giocato al fianco di Roberto Boninsegna. Ancora oggi chiunque abbia visto giocare Ferrulli nel corso degli anni non ha dubbi nell'affermare che sia uno dei più forti giocatori ad aver mai indossato la maglia granata, se non il migliore in assoluto. In virtù della sua grande competenza calcistica Ferrulli viene incaricato di svolgere la funzione di allenatore-giocatore, mansione che accetta mettendosi subito al lavoro. La prima mossa di Ferrulli è quella di visionare i ragazzi della formazione giovanile, dove si sta mettendo sempre più in luce quell'Elio Avigliano che già aveva dato il suo contributo alla prima squadra nel '64. L'idea del nuovo allenatore granata è di schierare come ali Guaglianone a sinistra, già titolare della stagione appena conclusa, e Avigliano a destra e per provare sul campo la soluzione organizza un'amichevole con la squadra di Belvedere Marittimo. È durante il primo tempo di questa partita che Avigliano avverte un forte dolore al petto e si accorge di avere difficoltà a respirare, troppa difficoltà per essere solo un affaticamento passeggero. La giovane ala chiede il cambio all'intervallo e va immediatamente all'ospedale, dove arriva l'inquietante responso: infiltrazione polmonare. Avigliano segue con successo il percorso di cura, ma deve dire addio al calcio giocato. Sono le prime *sliding doors* della stagione e tra le più importanti della storia del Maratea: impossibilitato a giocare Avigliano tornerà sui campi in veste di assistente tecnico negli anni '70 e maturerà la passione per il ruolo di allenatore che lo consegnerà alla leggenda del calcio marateota e non solo.

Torniamo al precampionato del '66. Santoro è attivissimo sul mercato con particolare attenzione a ciò che accade a Lauria, dove il Laurus dopo aver perso per la seconda volta di fila gli spareggi per la promozione in Serie D ha rinunciato all'iscrizione in Prima Categoria svincolando tutti i suoi campioni. Santoro è il più lesto di tutti e si aggiudica i cartellini delle stelle del Laurus: Giuseppe Izzo, Carmine e Domenico Riccio, P. Cassino e B. Orrico giocheranno nel Maratea. I colpi di mercato non finiscono qui, perché uno scatenato Santoro acquista altri due campioni: il centravanti Luigi Gagliardi e il portiere Di Giuseppe. Ne esce fuori un'autentica corazzata dove l'abbondanza di giocatori di talento è tale che si decide di creare la squadra B e di iscriverla al campionato di Seconda Categoria.

Il Comitato regionale, sempre presieduto dall'avv. Di Pasca, ha intanto modificato la formula della Prima Categoria per uniformarsi a quella del resto d'Italia: non più una serie di gironcini locali, ma due grandi gironi da 12 e 10 squadre.

Il 6 novembre, alla prima giornata del girone B, il Maratea mostra subito i muscoli battendo per 5-3 il Palazzo San Gervasio. La prima parte di campionato è trionfale per i granata che si impongono anche sul temibile Lavello grazie a una doppietta di Ferrulli che prima insacca una punizione capolavoro da 35 metri e poi realizza un rigore. L'8 gennaio il Maratea compie una delle più grandi imprese della sua storia andando a vincere per 4-3 sul campo della Libertas Invicta Potenza che non perdeva in casa addirittura dal campionato 1963-64. I granata scendono in campo con la seguente formazione: Di Giuseppe, Scordo, Formica; Giannattasio, Orrico, Ferrulli; Cassino, C. Riccio, Gagliardi, D. Riccio, Guaglianone. Al vantaggio iniziale dei potentini risponde C. Riccio sul finire del primo tempo, poi il Maratea segna tre reti in otto minuti grazie a una punizione insaccata dallo specialista Ferrulli e alla doppietta di Guaglianone. Il disperato tentativo di rimonta dei potentini produce due gol nel finale, ma i tirrenici riescono a portare a casa un leggendario 4-3.

Proprio a questo punto però il cammino del Maratea subisce una brusca interruzione con la sconfitta nello scontro diretto di Lavello, giocato in un clima surreale. Prima della gara infatti i tifosi di casa, che non avevano digerito la sconfitta di Maratea, accolgono i granata nel modo più intimidatorio possibile, mostrandogli cioè delle bare vuote(!) e lasciandogli intendere che quelle sarebbero il premio in caso di vittoria sul Lavello. Durante la partita, sull'1-0 per i padroni di casa, una raffica di mortaretti investe la porta di Di Giuseppe, che è costretto a chiedere il cambio. Proprio da questo campionato è autorizzata infatti la sostituzione del portiere, ma sfortunatamente per il Maratea quel giorno è assente la riserva Marzano e allora a improvvisarsi portiere è Giuseppe Izzo, con i tirrenici che restano in dieci. Lo stopper si rivela abile anche in porta, ma quando il destino ha deciso di mettersi di traverso non c'è nulla da fare ed ecco che, in seguito a una parata in tuffo, Izzo sbatte la testa contro il palo. Stoicamente l'improvvisato portiere decide di rimanere in campo, ma è palesemente intontito dalla forte botta. Il Lavello a questo punto ha gioco facile e dilaga, vincendo 3-0. Sette giorni dopo il Maratea cade anche sul campo del P.S.G. (Palazzo San Gervasio, che avete capito???) sconfitto per 2-1, poi il campionato si ferma per un mese in occasione del Trofeo Zanetti, l'odierno Torneo delle regioni.

È qui che arrivano le seconde *sliding doors* della stagione. La rappresentativa lucana, il cui commissario tecnico è Biagio Vitolo, conta nella sua formazione titolare ben sei giocatori del Maratea: Formica, Izzo, C. Riccio, D. Riccio, Gagliardi e Guaglianone. La squadra è forte e va avanti nel torneo, suscitando la preoccupazione del presidente granata Santoro per la fatica extra a cui saranno sottoposti gli elementi chiave della sua squadra. Santoro si rivolge dunque al Comitato regionale ed ottiene rassicurazioni sul fatto che alla ripresa del campionato la gara tra Avigliano (il paese, non Elio) e Maratea verrà rimandata per consentire ai marateoti di recuperare dalle fatiche del torneo interregionale. Alla vigilia della data prevista per l'incontro però arriva la comunicazione che la gara dovrà essere disputata regolarmente. Santoro non ci sta, si sente tradito e decide di bloccare la partenza della squadra, anche perché intanto un'abbondante nevicata ha reso complicato raggiungere Avigliano. Il braccio di ferro con la Federazione non ha però esito felice e il Maratea viene punito per la rinuncia con la sconfitta a tavolino ed un punto di penalità in classifica, salutando definitivamente la lotta per la promozione in Serie D.

Il finale di stagione vede una reazione d'orgoglio dei granata che battono il lanciatissimo Lagonegro per 4-1, una sconfitta che si rivela fatale per i rossoneri in ottica vittoria del campionato. La partita viene disputata a Praia, in quanto problemi burocratici non consentono al Maratea di giocare nel proprio campo, e per i tirrenici vanno in gol Gagliardi, D. Riccio e due volte Guaglianone. Il campionato si chiude con la vittoria del

Lavello, che precede di 1 punto il Lagonegro e di 4 il Maratea, 3 dei quali dovuti come si è visto alla rinuncia di Avigliano. Una soddisfazione personale arriva invece per Ferrulli, che si aggiudica il titolo di capocannoniere del girone con 11 reti in coabitazione con Lasalandra del Lavello e Bevilacqua del Palazzo S. Gervasio.

Archiviato il campionato 1966-67, ci sarebbero di certo i presupposti per puntare alla vittoria in quello successivo, ma non se ne avrà mai la conferma perché arrivano le terze *sliding doors* della stagione: per motivi personali il rag. Santoro è costretto a lasciare la carica di presidente del Maratea e senza di lui vengono a mancare le risorse economiche necessarie. La squadra è costretta a ripartire dalla Seconda Categoria, lasciando libere tutte le sue stelle così come aveva dovuto fare il Laurus l'anno prima. Il sogno di vincere la Prima Categoria, dopo essere stato accarezzato per tre anni, torna nel cassetto.

6.

Il Maratea della gente

Si riparte dunque dalla Seconda Categoria, che nel 1967 è comunque il torneo cadetto regionale, l'equivalente dell'attuale Promozione. La dirigenza, composta da elementi di spicco del calcio marateota come Saverio Maimone e i fratelli Vitolo, affida la panchina al grande capitano Marchetto, ritiratosi dal calcio giocato. La squadra va ricostruita quasi da zero e per farlo si dà fiducia alla nuova generazione di talenti che la squadra giovanile ha messo in mostra negli anni precedenti, allestendo una squadra composta quasi esclusivamente da marateoti.

In porta torna titolare Marzano, in difesa c'è il confermato Scordo e poi debuttano Antonio Camarda, figlio di Mosè terzino della Turrita, Angelo Schettino, Gabriele Carluccio, Gaetano Iannini, Tortorella, Bruno Vaccaro e il senisese Terracina. Tra i centrocampisti troviamo Lillino Lammoglia, Plinio Avigliano, fratello di Elio, Nicola Manfredi e i fratelli Biagio e Antonio Martino. In attacco debuttano a suon di gol due dei più prolifici cannonieri della storia del Maratea, Aldo Castaldo e Vincenzo *Vicente* Limongi, mentre le ali sono il rientrante Biagio Trotta e Raffaele Montesano.

È una squadra fortissima, piena di giocatori di grande tecnica. Al primo anno di Seconda Categoria il Maratea arriva a pari punti con la vincitrice Santarcangiolese, premiata dalla differenza reti, e si porta a casa la coppa disciplina, poi nel '68-'69 si aggiudica la vittoria del girone B davanti al Rivello, ma dal momento che non ci sono i mezzi per disputare onorevolmente la Prima Categoria si decide di rimanere in Seconda.

Intanto il Maratea ha un nuovo presidente, il dott. Nicola Feminella, che opta per la continuità nella scelta di comporre la squadra principalmente con ragazzi di Maratea. La decisione si rivela azzeccatissima, perché sulla scia dell'entusiasmo prodotto dalle squadre degli ultimi anni il calcio si è ormai solidamente radicato a Maratea e le partitelle tra ragazzini sono una fucina di talenti che approdano puntualmente in prima squadra. Gli anni '70 sono l'età d'oro del calcio a Maratea, ogni anno tra primavera ed estate si organizza un sentitissimo torneo dei bar, con squadre appunto sponsorizzate dai numerosi bar marateoti, poi nella seconda metà del decennio il torneo vedrà la partecipazione delle squadre dei rioni in edizioni seguitissime, con squadre come Real Giardelli, Real Ondavo, Centro Storico e Real Fiumicello a disputare sfide rimaste nella memoria di tutti i calciofili marateoti. Il Maratea degli anni '70 è decisamente il Maratea della gente. La centralità dello stadio La Quercia (che ormai tutti chiamano San Nicola dal nome della località in cui sorge) fa sì che il pubblico sia numerosissimo ad ogni partita e il fatto che la quasi totalità della squadra sia marateota crea un fortissimo legame tra giocatori e tifosi.

Alla generazione dei giocatori di fine anni '60 subentra, nel corso degli anni, un'altra altrettanto talentuosa. L'inossidabile Vito Marzano è sempre la certezza tra i pali, salvo una breve parentesi in cui si trasferisce al Sapri e al suo posto si alternano Francesco Argenziano, Osvaldo Palermo e Bruno Morena, protagonista del torneo dei bar. La difesa vanta elementi di assoluto valore: due terzini poderosi come Antonio Panaino e Bernardo Martino, il duttile Gabriele Carluccio, il formidabile stopper Ettore Maestri e *dulcis in fundo* nientemeno che Vincenzo Ferrulli come libero, oltre che allenatore-giocatore come nel '66-67. A centrocampo due vere e proprie icone come Armando

Panza, abilissimo negli inserimenti sui cross e implacabile sotto porta e Juan Montesano, completo in entrambe le fasi e che negli anni arretrerà progressivamente da mezzala a libero, insieme all'ottimo Pierangelo D'Alascio. In avanti c'è il meglio che il calcio marateota possa offrire: l'ala destra Aldo Di Trani, vera e propria macchina da gol e assist, e Mario Velardi, tanto versatile quanto prolifico, si aggiungono ai già citati Aldo Castaldo, Vicente Limongi e Raffaele Montesano. Tanti altri sono i calciatori che in quegli anni indossano con onore la maglia granata, fermo restando che recuperare tutti i nomi è impossibile poiché la Seconda Categoria non era coperta dalla stampa si rimanda all'appendice per una lista più corposa.

Gli anni di permanenza nel torneo cadetto regionale sono anni in cui si gioca prettamente per divertirsi, incarnando il vero spirito del calcio dilettantistico, e sono tanti gli aneddoti narrati con passione e coinvolgimento da chi c'era.

Uno degli episodi più ricordati avviene durante la partita Nemoli-Maratea del 1970-71, quando ai granata già in vantaggio per 6-1 viene concesso un rigore. «*Facciamolo battere ad Angiulino!*» esclamano in coro i marateoti, porgendo il pallone ad Angelo Schettino, personaggio caratteristico di quella squadra, incarnazione del buonumore e della semplicità. *Angiulino*, un buon difensore, non aveva mai segnato in carriera e la maggior parte delle volte in cui si trovava la palla nei piedi la spazzava il più lontano possibile per allontanarla dalla propria area calciando rigorosamente di punta e colpendo spesso anche il terreno, cosa che l'aveva portato a rinforzare la parte anteriore della scarpa con una protezione in ferro per evitare di farsi male. Con queste premesse non c'è certo da aspettarsi un rigore impeccabile. Angelo prende la rincorsa, calcia ovviamente di punta e spedisce la palla almeno un paio di metri sopra la traversa, una perfetta trasformazione rugbistica. Ma è la sua reazione ad essere impagabile: «*Ehi, chi mi ha toccato? Qualcuno mi ha spinto! Arbitro fammi ribattere, mi hanno spinto!*» Un personaggio genuino come *Angiulino* resterà sempre nel cuore di chi l'ha conosciuto.

Il 7 dicembre del '71 si sta giocando Maratea-Santarcangiolese e i granata conducono per 3-1, quando all'improvviso i tifosi ospiti esplodono in un boato di gioia. La partita quasi si ferma, in tanti si chiedono cosa sia successo, poi si capisce che l'esultanza era dovuta alla doppietta dell'attaccante santarcangiolese Andrea Esposito in Napoli-Roma 4-0, un momento storico per tutto il calcio lucano.

Epico è il ritorno a Maratea da grande ex di Giuseppe Izzo, traferitosi al Latronico. Nel primo tempo il Latronico conduce per 1-0, poi Izzo riporta un taglio al sopracciglio che lo costringe ad uscire dal campo e il Maratea, con gli avversari in dieci in quanto non c'erano riserve, riesce a capovolgere il risultato. Izzo intanto è andato di corsa al pronto soccorso, si è fatto mettere dei punti ed è tornato al San Nicola. Nella ripresa, rientrando stoicamente in campo, Izzo conduce i suoi a confezionare una clamorosa rimonta per il 5-3 finale. Che giocatore!

Un evento memorabile per gli appassionati di Maratea avviene nel maggio 1975, quando il Potenza viene ospitato dai granata per un'amichevole di preparazione allo spareggio con la Juve Stabia che riporterà i potentini in Serie C. Lo stadio San Nicola è affollatissimo dagli spettatori accorsi per ammirare dal vivo il Potenza e in particolare il suo top player Nando Scarpa, che ancora oggi detiene il record di gol segnati con la maglia rossoblù (51). In quel Potenza militano anche Giovanni Cammarano, futuro libero granata, e Biagio Savarese, che allenerà il Maratea nella stagione 1996-97. La squadra tirrenica disputa una buona prova al cospetto del grande Potenza e riesce anche ad andare in gol due volte con una doppietta di Domenico Formica, tornato per l'occasione a vestire la maglia del Maratea e che rientrerà definitivamente fra i granata nella stagione '79-'80.

Nel 1976-77 la Basilicata si allinea alle altre regioni riguardo all'organizzazione dei campionati e nasce così la Promozione, che va a collocarsi tra Serie D e Prima Categoria assorbendo le squadre di quest'ultima. Per creare la nuova Prima si decide che a fine stagione le prime 8 classificate dei tre gironi di Seconda Categoria (ciascuno composto da 16 squadre) saranno promosse nella serie superiore. Il Maratea disputa un buonissimo campionato concludendo al quinto posto e si guadagna l'accesso alla Prima Categoria 1977-78. Dopo dieci stagioni consecutive in Seconda è il momento di una nuova avventura.

7.
Inizia l'era Trotta

Tornato in Prima Categoria il Maratea conferma praticamente in blocco la squadra degli anni precedenti, aggiungendovi di anno in anno qualche elemento di valore proveniente dai paesi vicini o residente a Maratea per lavoro, come i vari Daniele Mandola, Michele Cimino, Michele Russo, Raimondo Scaramuzzo, Carlo Amato ed Egidio Ielpo, e continuando ad attingere dal floridissimo vivaio marateota, nel quale sbocciano talenti come Biagio Belvedere e Pasquale Capobianco, future bandiere granata. In porta l'ormai leggendario Marzano è una garanzia, anche se col passare degli anni gli infortuni si fanno più frequenti e quindi ad alternarsi con lui arriva suo nipote Salvatore Maccarone.

È in questo contesto che si inserisce un'altra icona del Maratea, Raffaele Martino, per tutti *'a*

Pipa. Classe '58, terzo di quattro fratelli tutti calciatori (i già citati Biagio e Antonio e Orazio, che giocherà nel Maratea a metà anni '80), Raffaele è una seconda punta mancina dotata di una tecnica e di un fiuto del gol fuori dal comune. Lo nota subito Vincenzo Ferrulli, che nel 1975 contatta Washington Cacciavillani, calciatore argentino con cui aveva giocato nel Torino e allora allenatore del Cosenza, e gli segnala il 17enne Martino, da poco entrato a far parte del Maratea. Cacciavillani si reca appositamente a Maratea venerdì 28 novembre 1975 ed incontra Ferrulli e Lillino Lammoglia, tecnico delle giovanili e assistente di Ferrulli per la prima squadra, e appurato il valore di Martino stila un contratto per portarlo al Cosenza. Ferrulli e Lammoglia portano il contratto al presidente granata, il dott. Feminella, il quale gioisce per l'opportunità concessa al giovane marateota ma, per una questione di trasparenza, decide di aspettare il consiglio direttivo della settimana seguente per discutere la cessione insieme ai dirigenti come da procedura, invece di metterli di fronte al fatto compiuto. Il fato vuole però che due giorni dopo, domenica 30 novembre, il Cosenza incappi in una clamorosa sconfitta casalinga per 1-6 contro il Lecce e che Cacciavillani venga esonerato, facendo così saltare ogni possibilità di accordo con il Cosenza.

Martino resta dunque al Maratea e per dieci anni incanterà i tifosi con giocate sopraffine e gol a grappolo che renderanno indelebile la memoria di uno dei più grandi talenti del calcio marateota.

Le prime stagioni in Prima Categoria vedono il Maratea disputare dei campionati onorevoli, con una grande rendimento nelle partite casalinghe, poi nel 1980 avviene un evento che segnerà la storia del decennio successivo: il rag. Aldo Trotta assume la presidenza della squadra.

Trotta sente che i tempi sono maturi per il ritorno del Maratea nel massimo campionato regionale e inizia ad investire tempo, energie e risorse per alzare sempre di più il livello della squadra. La sua prima campagna acquisti porta a Maratea l'ex Reggina Francesco De Rose e i validissimi Enzo Giordano di Trecchina e Carlo Caputo di Sapri.

Una delle prime trasferte che Trotta affronta da presidente è quella di Stigliano, il 19 ottobre 1980. La gara si gioca in un clima teso come una corda di violino, con i tifosi di casa che fin da subito espongono striscioni intimidatori verso l'arbitro e i giocatori del Maratea. La formazione dei granata è la seguente. Maccarone, Belvedere, Ielpo, R. Ferrulli, Maestri, Formica; Giordano, Panza, Di Trani, De Rose, Caputo. I tirrenici sono superiori e dominano la partita, passando in vantaggio grazie ad un'autorete di Nicola Rasulo.

L'episodio scatena il caos. Come riporta il referto dell'arbitro, il signor Marvulli di Matera, mortaretti e bottiglie di birra vengono lanciati in campo dai tifosi di casa nel corso della partita, poi al 58' dopo il raddoppio granata ad opera del debuttante Caputo gli ultras dello Stigliano riconoscono tra il pubblico in tribuna due giocatori del Maratea, Domenico Scordo e Agostino Coviello, aggredendoli. Al 75', con lo Stigliano in dieci per l'espulsione di N. Rasulo, l'assegnazione di un calcio di punizione al Maratea fa precipitare definitivamente la situazione: l'arbitro viene aggredito in massa da giocatori, dirigenti e persino da alcuni tifosi dello Stigliano, beccandosi un pugno da parte del giocatore Grancia, espulso e squalificato a vita. Con grande personalità l'arbitro riesce a riprendere in mano la situazione e a calmare relativamente le acque, facendo riprendere la gara. Alla prima azione dopo la ripartenza lo Stigliano crossa lungo verso l'area del Maratea e l'arbitro fischia un rigore per la squadra di casa, punendo uno dei normali contrasti tra difensori e attaccanti per prendere posizione sui palloni alti. I marateoti si precipitano a protestare con il direttore di gara. In risposta ottengono però uno sguardo insolito, quasi compiacente, e addirittura una specie di occhiolino. Il rigore viene confermato. Batte Francesco Rasulo e accorcia le distanze. Il gioco riprende in un'atmosfera surreale, con i granata che non hanno ancora ben capito cosa sia successo. Tre minuti dopo la scena si ripete, altro traversone dello Stigliano, altro rigore generosissimo, altre proteste granata, altro occhiolino compiacente dell'arbitro. «*O questo ha un tic o c'è qualcosa che non abbiamo capito*» commentano tra loro i granata mentre F. Rasulo trasforma il rigore del definitivo 2-2. Increduli ancora per quanto visto i marateoti si apprestano a lasciare lo stadio, ma le macchine vengono accerchiate dai tifosi di casa. Alla fine i granata riescono in qualche modo ad evitare lo scontro, la leggenda dice che per disperdere i tifosi di casa sia servita addirittura una pistola! Tornati a Maratea, i giocatori continuano ad interrogarsi su quanto avvenuto in campo, ma il colpo di scena arriva dal comunicato ufficiale con i verdetti del giudice sportivo: l'arbitro Marvulli infatti, dopo l'aggressione subita sul 2-0, aveva in realtà posto ufficialmente fine all'incontro e aveva fatto disputare *pro forma* gli ultimi dieci minuti per motivi di ordine pubblico. Al Maratea va quindi la vittoria per 2-0 di una partita che chiunque abbia vissuto non dimenticherà mai.

Un mese dopo il Maratea fa visita al Marconia, un avversario ostico. L'allenatore granata Lillino Lammoglia sorprende tutti facendo esordire da titolare il secondo portiere Mario Spagnuolo. Il Marconia può contare sul forte attaccante Marianella, che Lammoglia affida all'arcigna marcatura di Ielpo. I padroni di casa sono più attivi e sfiorano più volte il gol, ma Spagnuolo con una brillante prestazione tiene inviolata la porta e la partita si conclude sullo 0-0. I giocatori salgono sul pullman per il viaggio di ritorno soddisfatti per il punto ottenuto, ma arrivati a Trecchina trovano l'illuminazione pubblica spenta e tutta la gente in strada. Si capisce che dev'essere successo qualcosa di grave e l'autista abbassa il finestrino per chiedere informazioni alla gente, che risponde urlando: «*Il terremoto! Il terremoto!*» Sì, perché è il 23 novembre 1980 e alle 19:34 la terra ha tremato per 90 interminabili secondi con magnitudo 6.9, con epicentro in Irpinia. La devastazione è immensa, X grado della scala Mercalli. 2.914 persone hanno perso la vita. A Maratea la paura è stata tanta ma per fortuna non si sono registrati decessi o gravi danni e nei giorni successivi al sisma i marateoti parteciperanno attivamente al sostegno degli abitanti dei paesi più duramente colpiti. Il campionato si ferma per un mese, le priorità sono ben altre, poi pian piano si ritorna alla normalità. A fine stagione la classifica vede il Maratea conquistare un buon quinto posto. Arrivare in Promozione nel giro di qualche anno non sembra un'utopia.

8.
Rinnovamento

Il campionato 1981-82 vede una profonda rivoluzione nella rosa del Maratea. La dirigenza decide di congedare il blocco storico dei marateoti, ritenendo ormai concluso il ciclo della squadra degli anni '70. Grazie al benessere economico raggiunto e al boom demografico degli anni precedenti, negli anni '80 a Maratea è più semplice dare vita a nuove squadre e comporre rose competitive. Esse rappresentano le frazioni e sono la naturale prosecuzione delle formazioni rionali che tanto hanno animato Maratea con i tornei cittadini degli anni '70. I giocatori congedati dallo Sport Club Maratea confluiscono nelle altre due squadre che sorgono in città nella stessa stagione, il Marina, nato dalla smisurata passione di Osvaldo Palermo, e il Massa, promosso dall'altrettanto sfegatato calciofilo Biagio Piscitelli. Entrambe le squadra militano nel girone F di Terza Categoria, che nella stagione '81-82 viene vinto proprio dal Marina. La dirigenza deciderà però di rimanere in Terza Categoria, campionato più sostenibile per una piccola società, e per tutti gli anni '80 Marina e Massa militeranno nello stesso girone infiammando Maratea con i mitici *derby del Triolo,* dal nome di una delle colline che separano le due frazioni. L'avventura del Marina si concluderà nella stagione 1987-88 mentre il Massa disputerà, vincendolo, anche il campionato 1988-89. Sul finire degli anni '80 parteciperanno alla Terza Categoria anche altre due squadre marateote, la Folgore Acquafredda e il Real Fiumicello, mentre nel 1990-91 sarà la volta del Brefaro.

Torniamo però alla stagione 1981-82. Lo Sport Club Maratea come detto si trova a vivere una stagione di totale rinnovamento in cui viene promossa una nuova generazione di talenti che si è fatta le ossa tra squadra giovanile e tornei dei rioni in aggiunta a nuovi innesti dai paesi vicini. L'allenatore è sempre Lillino Lammoglia e la formazione tipo è la seguente: Salvatore Maccarone in porta, Egidio Ielpo e Domenico Formica i terzini, Biagio Belvedere mediano, Domenico Caroprese stopper e Juan Montesano libero; Enzo Giordano è l'ala destra, Piero Colamarco gioca col numero 9 ma a centrocampo (un *falso nueve* ante litteram), Bruno Pretelli è il centravanti, Francesco De Rose il trequartista e Raffaele Martino l'ala sinistra. Altri titolari in rosa sono Maurizio Di Trani, Oreste Esposito, Filippo Maimone e Diego Ferrara.

La squadra allestita si dimostra da subito competitiva e parte fortissimo con quattro vittorie nelle prime sei gare e alla fine del girone d'andata è a un solo punto dalla capolista Sant'Arcangelo. Nel girone di ritorno arrivano due splendide vittorie in goleada contro Salandra (6-0, doppietta di R. Martino e reti di Giordano, Pretelli, Ferrara e Formica) e Montalbano (5-0, ancora doppietta di Martino, un'autorete e gol De Rose e Pretelli), ma poi di colpo il Maratea incappa in un periodo di crisi conquistando solo due punti in cinque partite che spengono le speranze di lottare per la vittoria del campionato. La classifica finale vede il Maratea chiudere al sesto posto.

Nel mese di maggio il Maratea disputa un'amichevole di prestigio contro il Matera, con il difensore del Castelluccio Pennella che scende in campo con i tirrenici, che finisce 1-1, una bella giornata da ricordare per giocatori e tifosi.

Degno di nota è anche ciò che avviene durante una partita del campionato giovanile 1981-82. L'incontro vede il Maratea affrontare il Lagonegro, in cui gioca un ragazzino 18enne di San Martino d'Agri di cui si parla benissimo. Si chiama Osvaldo Melfi. La partita, molto equilibrata, viene decisa proprio da un rigore messo a segno dal *golden boy* valdagrino. La dirigenza marateota, che aveva già da un po' messo gli occhi su Melfi, ha a fine partita l'occasione di parlare con il giocatore e di anticipare l'agguerrita concorrenza, assicurandosi il suo cartellino a partire dalla stagione seguente. Inizia in questo modo l'epica avventura granata di uno dei giocatori più forti e amati dal pubblico che abbiano mai giocato nel Maratea.

9.
Heroes

Le stagioni '82-83 e '83-84, nonostante i tanti gol segnati da Melfi e R. Martino, vedono il Maratea fare passi indietro in classifica e raccogliere un decimo e un dodicesimo posto. L'obiettivo Promozione non è però svanito dal cassetto dei sogni del presidente Aldo Trotta e l'estate 1984 vede ancora un grande rinnovamento nel Maratea. Il primo cambio è in panchina, dove Elio Avigliano sostituisce Lillino Lammoglia, che resta comunque nello staff tecnico. Il nuovo direttore sportivo della squadra, Matteo Balsamo, decide di rinforzare la rosa attingendo al florido bacino di Paola, suo paese d'origine, sede di una delle squadre più antiche e blasonate del Cosentino. Per la prima volta dalla stagione 1966-67 il Maratea torna ad avere una formazione titolare composta per la maggior parte da giocatori non autoctoni. La squadra è fortissima, con fuoriclasse come il portiere Antonio Marino, lo stopper Antonio Salomone, il libero Franco Carlomagno, il centrocampista Santo Ramunno e la micidiale coppia gol Osvaldo Melfi-Raffaele Martino e i risultati in campo si vedono, perché dopo due anni bui il Maratea rientra prepotentemente in lotta per la vittoria del campionato. L'obiettivo è alla portata, ma a compromettere la classifica sono due pesanti sconfitte a Tricarico e a Lagonegro nelle ultime giornate che fanno scendere il Maratea al terzo posto finale. Un importante riconoscimento viene comunque conferito a mister Avigliano, insignito dalla Federazione del premio Andreolo per il miglior allenatore del campionato. La brillante stagione dei granata conferma che la strada intrapresa è quella giusta, ma ora è tempo di raccogliere quanto seminato; il 1985-86 deve essere l'anno buono.

Il mercato estivo rinforza ulteriormente la già ottima squadra dell'anno precedente, permettendole di assorbire senza patemi la perdita di due fuoriclasse come Raffaele Martino e Franco Carlomagno grazie ad innesti come quello dell'ala Luca Bruzzese e soprattutto del libero Giovanni Cammarano, ex giocatore del Potenza e facente parte della squadra rossoblù che giocò a Maratea nella celebre amichevole del maggio '75. I granata si presentano ai nastri di partenza con fondate ambizioni di vittoria del campionato e a dare fiducia alla squadra c'è anche il fatto che sono ormai quasi ultimati i lavori per il nuovo stadio di Maratea e presto si tornerà a giocare realmente in casa.

Era infatti successo che lo stadio San Nicola, tra fine degli anni '60 e l'inizio degli '70, era divenuto sempre meno rispondente ai nuovi standard voluti dalla Federazione. Se non fosse stato per il blasone di Maratea nel calcio lucano, la squadra tirrenica si sarebbe trovata senza un campo dove giocare già da tempo. Nel 1979 l'amministrazione comunale guidata dal prof. Fernando Sisinni era riuscita a far finanziare il progetto di un moderno campo sportivo dalla Cassa per il Mezzogiorno, ente onnipresente nelle politiche economiche del Sud dell'epoca. Il progetto, redatto dagli ing. Francesco Fontana e Gerardo Vitolo insieme all'arch. Antonio Brando, localizzava il nuovo impianto in località Cangito, ben lontana dal centro abitato a differenza del vecchio stadio, posto in una zona ormai pienamente interessata dall'espansione urbanistica del paese. I lavori procedono pian piano, come da sana tradizione italiana. Peraltro il terremoto che il 21 marzo 1982 colpisce Maratea, e che da allora la pone in una più alta categoria di rischio sismico, richiede anche una variante al progetto in ossequio alle nuove norme edilizie.

In attesa della fine dei lavori sono prima Tortora e poi Trecchina le sedi prescelte per le gare interne. È proprio a Trecchina che alla prima giornata un perentorio 3-0 alla Folgore firmato da Melfi, Iulianello e Chiappetta fa subito capire le intenzioni dei granata. A confermare la competitività del Maratea è l'impressionante percorso netto nei primi due mesi di campionato, sette vittorie su sette gare con uno straripante Melfi che segna addirittura undici reti. Un pari per 0-0 a Castelluccio non ferma la marcia dei granata, che dalla giornata successiva riprendono a macinare vittorie su vittorie.

Il 30 gennaio 1986 è il grande giorno dell'inaugurazione dello stadio Europa, con un'amichevole tra Maratea e Rappresentativa lucana di Promozione che finisce 1-1 con gol, neanche a dirlo, di Melfi, poi il 2 febbraio arriva finalmente il momento della prima partita ufficiale, Maratea-Armento. Mister Avigliano schiera la formazione tipo: Marino, Fiore, Gangemi; Capobianco, D. Spagnuolo, Cammarano; Bruzzese, Ramunno, Basile, Melfi, Iulianello. Vuoi per l'emozione di molti nel giocare per la prima volta di fronte a un foltissimo pubblico di marateoti, vuoi per coincidenze e casualità, ma l'inizio della partita è uno shock: 0-2 dopo 17 minuti di gioco. Il prof. Fernando Sisinni, il Sindaco di Maratea tifosissimo dei granata al punto da seguire tante partite dalla panchina insieme a mister Avigliano e che tanto si è prodigato per la realizzazione dello stadio, arriva in leggero ritardo in tribuna per la partita con l'Armento e apprende con sorpresa dell'inaspettato doppio svantaggio ospite. Si racconta che l'indimenticabile Fernando all'udire il risultato parziale abbia scherzosamente esclamato qualcosa del tipo: «*Ah, a saperlo non avrei fatto costruire questo stadio*». La notizia dell'arrivo del Sindaco in tribuna arriva immediatamente alla panchina del Maratea e ai giocatori in campo, che trovano subito nuove motivazioni e già nel primo tempo rimettono in parità la gara con un rigore di Melfi e una rete di Basile e poi nella ripresa trovano con Bruzzese il gol della vittoria che scatena la festa dei tifosi granata.

Il resto della stagione vede i tirrenici proseguire nella loro cavalcata trionfale e il vantaggio sulle inseguitrici aumenta a dismisura, finché il 6 aprile, con il 5-0 sul Latronico firmato Melfi, Basile, Ramunno, Bruzzese e Chiappetta, il Maratea è matematicamente vincitore del girone B della Prima Categoria lucana con addirittura quattro gare d'anticipo. A 19 anni di distanza dall'ultima volta il Maratea tornerà a giocare nel massimo campionato regionale.

Impressionanti sono i numeri del trionfo granata: 11 punti di vantaggio sul Castelluccio secondo classificato (nell'era in cui la vittoria vale 2 punti), 63 gol fatti e solo 23 subiti in 30 partite, 12 gare con la porta inviolata. Osvaldo Melfi dal canto suo conclude la stagione con lo stratosferico risultato di 34 gol in 30 presenze, mai nessuno come lui nella storia del Maratea.

Heroes di David Bowie, capolavoro musicale del 1977 divenuto celebre anche come sigla del programma sportivo RAI *Sfide*, è la colonna sonora ideale da accostare al fantastico Maratea dell'85-86, una squadra entrata di diritto nella leggenda.

10.
Emozioni da Promozione

Estate 1986. Mentre la dirigenza del Maratea è al lavoro per rinforzare la squadra in vista del debutto in Promozione i giocatori iniziano a sgranchirsi le gambe nei tornei amichevoli organizzati come d'abitudine nei vari paesi. È durante uno di questi tornei, giocato a Villa d'Agri, che Osvaldo Melfi ha un diverbio piuttosto acceso con un arbitro che si rivela essere un arbitro ufficiale e che minaccia di far squalificare a vita il fuoriclasse del Maratea. Il presidente Trotta e l'allenatore Avigliano si recano così a parlare con l'arbitro per cercare di farlo tornare sui suoi passi e la missione riesce in parte, perché l'arbitro abbandona sì l'idea di proporre il ritiro della tessera federale per Melfi ma è irremovibile sul voler comunque punire il giocatore. Alla fine Melfi viene squalificato per le prime due giornate di campionato, che prevendono entrambe un impegno casalingo per il Maratea. In mancanza di un centravanti di riserva mister Avigliano deve reinventare l'attacco per la prima di campionato, in programma il 28 settembre, schierando Iulianello da centravanti e avanzando Antonio Spagnuolo all'ala sinistra. I due si costruiscono alcune occasioni da gol, ma la partita con l'Avigliano si conclude sullo 0-0. Il presidente Trotta decide dunque di intervenire sul mercato ed invia mister Avigliano nel Napoletano per visionare gli attaccanti ad un raduno organizzato dall'agente Tascone. Durante la partita l'attenzione dell'allenatore marateota viene catturata da un ragazzo che gioca ala destra ma con una spiccata propensione all'inserimento in area e che si rende protagonista di una grande prova condita da un bel gol. Il suo nome è Salvatore *Sasà* Manfellotto. Avigliano torna a Maratea e riferisce delle buone impressioni suscitategli dal ragazzo al presidente Trotta, il quale non perde neanche un secondo, chiama immediatamente Tascone e lo acquista. Sasà arriva a Maratea la sera di sabato 4 ottobre, un giorno dopo aver compiuto vent'anni, e domenica 5 viene subito schierato titolare allo stadio Europa contro il Melfi con la maglia numero 11. Passano 37 minuti e, su un cross che spiove in area, Manfellotto segna di testa l'1-0. La partita si conclude sul 2-2, ma i 90 minuti di Maratea-Melfi sono bastati a far sbocciare l'affetto dei tifosi per Sasà. Col ritorno di Melfi dalla giornata successiva va a costituirsi la coppia d'attacco Melfi-Manfellotto, la più amata della storia del Maratea. Con gli acquisti anche di Domenico Seccafico e Luigi Masucci e i ritorni di Belvedere e Di Mingo il Maratea cresce di livello e, dopo una sconfitta immeritata a Genzano, il 19 ottobre mette alle corde il quotato Picerno con un gol di Melfi, ma all'85' un violentissimo temporale costringe l'arbitro ad interrompere la partita, che per il regolamento dell'epoca dovrà essere rigiocata dall'inizio. Sfuma così la prima vittoria in Promozione che arriva due giornate dopo, quando i granata rifilano un roboante 7-0 al Lavello (tripletta di Melfi, un'autorete e gol di Manfellotto, Bruzzese e Fiore). Il Maratea sembra essersi sbloccato, ma nelle giornate successive incappa in tre sconfitte consecutive, una delle quali nel recupero del match col Picerno, e uno 0-0 a Ferrandina. Con queste premesse si preannuncia decisamente proibitivo l'incontro della decima giornata in cui i granata ospiteranno la corazzata Pro Matera che si sta giocando punto a punto la vetta della classifica con lo Scanzano. Tanta però è la fiducia che ripone nei suoi il grande presidente Trotta, che intervistato dalla *Gazzetta del Mezzogiorno* per la rubrica settimanale dei pronostici si sbilancia su un 1-X per la gara in programma allo stadio Europa.

Qual è il risultato perfetto per una partita di calcio? Il maestro Gianni Brera sosteneva la teoria dello 0-0. Massima concentrazione delle difese, grande attenzione alla tattica, nessun errore individuale. Sì, tutto bello, ma emozioni? Poche. Per quelle, tranne rari casi, servono i gol, meglio se tanti, meglio se segnati da entrambe le squadre in uno scenario di equilibrio e incertezza. C'è un risultato in particolare che sembra rappresentare tutto ciò alla perfezione, il 4-3. Se si chiede a un qualsiasi calciofilo del mondo quale sia stata la partita più bella della storia è praticamente scontato che risponderà Italia-Germania 4-3 dei Mondiali 1970, la *Partita del secolo*. Se si chiede a un marateota della più bella partita della squadra granata, chiunque nell'86 fosse abbastanza grande da comprendere il gioco del calcio non esiterà nel nominare un altro 4-3, quello andato in scena il 30 novembre di quell'anno in una giornata ventosissima allo stadio Europa. Sì, perché la sfida al blasonato Pro Matera che sembra impossibile per la matricola SC Maratea si trasforma in una vittoria epocale.

Mister Avigliano manda in campo la seguente formazione: Baiardini, D. Spagnuolo, Di Mingo; Belvedere, Longo, Cammarano; Manfellotto, Ramunno, Masucci, Melfi, Seccafico. Per tre volte il Pro Matera in vantaggio e per tre volte il Maratea agguanta il pari, poi sono proprio i tirrenici a mettere la freccia e a piazzare il 4-3. Mattatori granata, ovviamente, Melfi (tripletta) e Manfellotto. Al fischio finale esplode il delirio dei marateoti. Elio Avigliano si arrampica come un grillo sulla rete che delimita il campo per festeggiare insieme ai suoi tifosi, fra cui figurano il capo ultras *Zio Rino* Vernucci e il futuro presidente granata Giacomo Ricciardi.

Galvanizzato dall'impresa il Maratea dà una scossa decisa al proprio campionato e due settimane dopo supera in casa per 1-0 il quotatissimo Moliterno (rete di Melfi) giocando un brutto scherzo all'allenatore ospite, quel Nando Scarpa icona del Potenza che nel '75 aveva disputato un'amichevole al San Nicola. Un'altra grande che cade a Maratea è la Murese di Muro Lucano, sconfitta con un esaltante 4-2 nell'ultima partita del girone d'andata, concluso dai granata al settimo posto in classifica. Nel girone di ritorno il Maratea continua a macinare punti e non si ferma neanche quando perde per un lungo infortunio il portiere titolare Marino. Il suo vice Michele Talarico si fa infatti trovare prontissimo e il Maratea piazza due vittorie consecutive pesantissime, prima un clamoroso 4-1 sul campo del Picerno e poi un emozionante 2-0 nel derby della Valle del Noce con il Lauria, maturato grazie ai gol nel finale di Melfi e Manfellotto. Il 22 febbraio, sul campo del Lavello, i tirrenici vanno in rete con Melfi e accarezzano il sogno di inserirsi nella serratissima lotta per il terzo posto, ma a fermare l'avanzata dei granata arriva il più ineluttabile degli avversari, la nebbia, che costringe l'arbitro a sospendere l'incontro e vanifica il gol di Melfi. Complici il calendario ostico e qualche passo falso di troppo il Maratea abbandona la lotta per il podio, ma resta pienamente in corsa per il sesto posto, che vale l'ultimo biglietto per la Coppa Italia dilettanti dell'anno successivo. La qualificazione all'ambito trofeo, che vede competere le migliori squadre dilettantistiche di tutta la nazione, sarebbe un traguardo prestigiosissimo per il Maratea. A contendere ai tirrenici l'ultimo posto per la Coppa è la Murese e il decisivo scontro diretto di Muro Lucano va in scena proprio all'ultima giornata. Il primo tempo si chiude con i padroni di casa sul 2-0, ma nella ripresa il Maratea trova una clamorosa rimonta e conclude così il suo primo campionato di Promozione con un onorevole sesto posto e l'accesso alla Coppa.

È stata sicuramente una stagione memorabile per il Maratea, ma arriva una ciliegina sulla torta a renderla indimenticabile. Grazie all'impegno del prof. Francesco Sisinni, Direttore Generale del ministero dei Beni Culturali, il 30 giugno 1987 allo stadio Europa arriva nientemeno che l'Inter di Trapattoni per disputare con il Maratea un incontro valido per la conquista del trofeo Fernando Sisinni, in memoria del Sindaco mancato prematuramente il 15 giugno 1986 e fratello del Direttore Generale. La squadra neroazzurra è priva di alcune sue stelle, impegnate con le rispettive nazionali, ma ci sono grandi nomi come Marco Tardelli, Giuseppe Baresi, Daniel Alberto Passarella e Pietro Fanna. Nel Maratea manca Manfellotto, che si è fratturato un braccio, e Avigliano manda in campo il 17enne Biagino Sisinni, nipote del Direttore e dello scomparso Sindaco, giovane di grandissimo talento e grande speranza del calcio marateota che già aveva disputato alcune gare da titolare nel vittorioso campionato 1985-86, al quale solo un tragico destino che lo porterà via da questo mondo nel dicembre del 1990 negherà un luminoso futuro.

Lo stadio Europa è gremito da addirittura 2.500 persone, record assoluto nella storia del Maratea. Senza storia, logicamente, l'esito dell'incontro, con l'Inter che segna ben 13 gol, ma l'immagine che più resterà scolpita nella mente dei marateoti è quella di Osvaldo Melfi lanciato a rete che viene atterrato da Rivolta. È rigore e sarebbe un gol meritatissimo per il fuoriclasse del Maratea, che varie volte si è messo in evidenza durante l'incontro, ma il portiere dell'Inter Malgioglio si oppone egregiamente respingendo il tiro dal dischetto. Ecco il tabellino del match:

MARATEA: Marino (Talarico), Fiore, Gangemi (D'Alascio); Di Mingo, Longo, Cammarano (D. Spagnuolo); Belvedere (Zaccaro), Ramunno (A. Spagnuolo), Bruzzese (Sarsale), Melfi, Sisinni (Capobianco). All. Avigliano e Lammoglia.

INTER: Malgioglio, Calcaterra, Baresi (Rivolta); Minaudo, Verdelli, Passarella (De Vincenzo); Fanna, Tardelli, Ciocci, Piraccini (Ciberiati), Garlini. A disp. Caniato. All. Trapattoni.

ARBITRO: Nitro di Potenza.

MARCATORI: 12', 31', 36' e 42' Ciocci, 14' Baresi, 20', 25' e 82' Fanna, 45' Ciberiati, 57' e 80' Minaudo, 85' Garlini, 87' Piraccini.

L'ultimo atto di una delle stagioni più emozionanti della storia del Maratea è anche l'ultima partita in granata di Melfi. A fine stagione infatti il fenomeno di San Martino d'Agri lascia il Maratea per spiccare il volo nel campionato Interregionale (attuale Serie D) con la maglia prima della Paolana, che porterà alla salvezza segnando 12 delle 22 reti totali della squadra, e poi del Savoia dove diverrà un idolo dei tifosi di Torre Annunziata così come lo è per quelli di Maratea. 110 sono i gol segnati da Melfi nel Maratea nelle cinque stagioni in riva al Tirreno, record assoluto per i granata, un record che forse non verrà mai battuto.

11.
All'inferno e ritorno

L'estate del 1987 per il Maratea rappresenta la fine di un ciclo. Melfi, come detto, si trasferisce alla Paolana, ma non è il solo a fare le valigie perché vanno via anche Manfellotto, Belvedere, Cammarano, Gangemi, Seccafico e Masucci. Il presidentissimo Trotta, come riporta Pino Gentile in un articolo sulla *Gazzetta del Mezzogiorno*, è stanco di fare il Cireneo della situazione e vorrebbe anch'egli lasciare la squadra, ma non trova un acquirente che gli corrisponda una cifra adeguata. Con queste premesse l'avvicinamento alla nuova stagione non è certo ideale e la dimostrazione arriva con il primo turno di Coppa Italia, dove il Maratea deve arrendersi sul doppio confronto al Moliterno allenato da Biagio Savarese. Il Maratea è in evidente ritardo di condizione e a ciò si aggiunge il fatto che gli acquisti necessari a ricostruire una squadra che ha perso diversi elementi chiave tardano ad arrivare a causa delle vicissitudini societarie. Con una formazione ancora provvisoria il Maratea vive un difficile avvio di campionato caratterizzato da numerose sconfitte, poi la situazione sembra migliorare grazie ai nuovi innesti ma la sfortuna ci mette del suo con i numerosi infortuni che vessano la rosa (il forte Antonio Armellino, ad esempio, è costretto a stare lontano dai campi per ben tre mesi, da gennaio ad aprile) e i granata si trovano invischiati nella lotta per non retrocedere. A tenere vive le speranze di salvezza del Maratea ci pensa un ragazzino cilentano di 18 anni, Luigi *Gino* Paesano, autentica rivelazione del campionato che segnerà ben 18 reti conquistandosi la chiamata della rappresentativa regionale per il Torneo delle regioni.

I gol di Paesano però da soli non possono bastare, soprattutto dopo l'infortunio di Armellino, per questo il presidente Trotta decide di piazzare un super colpo di mercato per far uscire definitivamente il Maratea dai bassifondi della classifica ed acquista Antonio Crusco, 29enne di Sapri che vanta presenze in Serie A con il Catania - tra cui una a San Siro contro il Milan - e trascorsi importanti con Cagliari, Monza e Salernitana. Il contratto è faraonico: 1 milione di lire per ogni partita, con dieci giornate ancora da disputare. Il colpo è di quelli che fanno davvero scalpore, ma purtroppo Crusco si rivela il più grande flop della storia del Maratea offrendo prestazioni insufficienti in rapporto alle aspettative e alla spesa sostenuta. L'unico lampo della mezzala campana è il gol al Moliterno nella vittoria per 2-0 alla sua terza presenza in granata, ma è un fuoco di paglia in mezzo a un mare di sconfitte. Alla quinta presenza, sul risultato di 0-0 contro il Genzano, Crusco perde la pazienza e reagisce ad un fallo di Santamaria, venendo espulso e ricevendo due giornate di squalifica. Torna in campo alla penultima gara, la sconfitta per 2-0 ad Avigliano, nuovamente senza lasciare il segno, ed è assente all'ultimo turno. Il suo score alla fine è di 7 presenze e 1 rete in granata.

In una stagione in cui tutto ciò che poteva girare male lo ha fatto il Maratea arriva all'ultima giornata con la necessità di battere la Murese nella speranza che il Picerno non faccia punti. I tirrenici fanno il proprio dovere vincendo 5-1, ma altrettanto fa il Picerno. Concludendo al penultimo posto, il Maratea è condannato alla retrocessione, la prima ottenuta sul campo nella sua storia. Come nei film dove il boia sta per procedere all'esecuzione del condannato e arriva all'ultimo momento il messo reale con la grazia del sovrano, anche qui arriva la "grazia" della Lega Calcio che riorganizza il campionato Interregionale riammettendovi le terz'ultime classificate dei vari gironi e innescando una reazione a catena che porta al ripescaggio del Maratea in Promozione per la stagione 1988-89. L'onta della retrocessione è stata evitata.

Scampato il pericolo a livello sportivo il Maratea deve però fare i conti con una difficilissima situazione economica e societaria. Il presidente Trotta, che aveva già reso nota la sua volontà di lasciare la presidenza l'anno prima, e il suo ormai ridotto gruppo di collaboratori tengono una serie di incontri con un gruppo intenzionato a subentrare alla guida dei granata, ma l'accordo economico non viene trovato e la trattativa si arena a pochi giorni dall'inizio del campionato, con il serio rischio che il Maratea non vi prenda parte. L'intervento del rag. Gerardo Sarsale, assessore allo sport ed ex giocatore del Maratea, fa sì che si profili la concreta possibilità di una nuova gestione della squadra e che sul filo di lana i granata confermino la partecipazione alla Promozione. Con una squadra composta in larghissima parte da giovani marateoti provenienti dalla formazione giovanile e con una preparazione estiva che è stata quasi inesistente l'esordio è ovviamente complicatissimo e i granata perdono 2-0 con il Pisticci (partita giocata a Latronico per l'indisponibilità dello stadio Europa) e 5-0 sul campo della Murese, ma la preoccupazione più grande arriva ancora dalla situazione societaria, che nel frattempo è nuovamente precipitata. Il 9 ottobre il Maratea non si presenta per disputare la partita col Tramutola, la fine della squadra tirrenica sembra ormai vicina.

A salvare il Maratea è l'intervento diretto del Sindaco, il prof. Antonio Brando, che risolve la crisi assumendo la carica di presidente-commissario e dando vita ad un nuovo consiglio direttivo con diverse figure legate all'amministrazione comunale. È la mossa decisiva. Stabilizzata la situazione societaria la dirigenza passa all'attacco sul mercato e in brevissimo tempo allestisce una formazione di tutto rispetto con una serie di acquisti mirati e di valore che ha come punta di diamante il grande ritorno dell'amatissimo Sasà Manfellotto. All'ottava giornata il Maratea torna finalmente a giocare allo stadio Europa e ne beneficia immediatamente trovando la prima vittoria stagionale con un 2-0 sull'Avigliano firmato da Manfellotto e Russo. La stagione vede i tirrenici risalire la china passo dopo passo con risultati memorabili come il roboante 9-0 inflitto al Rotondella (cinquina di Manfellotto e doppiette di Russo e Michele Esposito) e quando il 16 aprile va in scena il derby con il Lauria i tirrenici sono in piena corsa per una salvezza che avrebbe del clamoroso. Mister Avigliano deve fare a meno di diversi titolari come Antonio Marino, Michele Longano e Guido

Maisto e schiera la seguente formazione: Polisciano, Accardi, De Paola; Russo, Di Mingo, Incarnato; Elia, M. Esposito, Damiani, Leone, Manfellotto.

Di fronte al numeroso pubblico accorso per il sentitissimo derby il Maratea vede le cose mettersi male al 46', quando un tiro da lontano di Masiello rimbalza in modo beffardo davanti a Polisciano e finisce in rete. Avigliano inserisce allora Attanasio per Elia e affida l'impostazione ad Incarnato, che guida l'impetuosa reazione del Maratea che prima sfiora il pari con Esposito e poi lo acciuffa all'84' con Manfellotto che lavora un pallone sulla sinistra e lo appoggia a Russo che insacca. L'entusiasmo dei marateoti è grande, ma diventa tripudio quando Manfellotto all'88' realizza il 2-1 con un tiro non trattenuto dal portiere ospite Cerere. È una vittoria indimenticabile per il Maratea e che vale due punti di platino grazie ai quali, a fine campionato, i tirrenici ottengono una salvezza che dopo le vicissitudini estive e la partenza ad handicap era una vera propria utopia.

La stagione 1989-90 vede il Maratea presentarsi con una rosa simile a quella dell'anno precedente ma rinforzata da grandi ritorni come quelli di Paesano, R. Ferrulli e Armellino e nuovi arrivi tra cui il portiere Roberto Capobianco e lo stopper Giovanni Fiorillo. Che sia una gran bella squadra lo si capisce dal primo incontro, la sfida con il Lauria valida per la Coppa Italia dilettanti, vinta dai tirrenici con un gol di Paesano che ribadisce la palla in rete dopo una traversa di Fiorillo. Nel secondo match di Coppa, con lo 0-0 contro lo Spinoso conquistato in formazione rimaneggiata, il Maratea si guadagna l'accesso alla fase interregionale della coppa, dove trova la fortissima Bovalinese, leader del girone B di Promozione calabrese. All'andata, disputata a novembre a Bovalino (RC), il Maratea deve cedere per 5-0 ai quotati avversari, ma al ritorno sfiora l'impresa imponendosi per 3-0 sotto il diluvio allo stadio Europa con doppietta di Paesano e gol di un Guido Maisto in giornata di grazia, uscendo così con onore dalla competizione. Ad oggi le due sfide con la Bovalinese restano gli unici due incontri ufficiali disputati dal Maratea a livello interregionale.

Il campionato 1989-90 vede il Maratea conseguire una salvezza tranquilla. In tre stagioni i tirrenici hanno vissuto sulle montagne russe tra rischi di retrocessione, riprese, pericolo di chiusura della squadra e periodi di ripresa, ma ora finalmente la stabilità tanto agognata è realtà, ora si può tornare a puntare in alto.

A fine stagione Elio Avigliano lascia il Maratea dopo 6 anni da allenatore, 14 da assistente allenatore e 1 da giocatore. Con la partenza del tecnico più amato della storia del Maratea finisce decisamente un'era, anche se non sarà un vero e proprio addio, ma un arrivederci.

12.

Il Maratea dei record

L'estate del 1990 è decisamente un'estate di novità per il Maratea. Come detto, per la prima volta dall'inizio degli anni '70 non c'è Elio Avigliano nello staff tecnico. Il ciclo del Maratea anni '80 si è ormai definitivamente concluso e la squadra viene totalmente rinnovata dal nuovo presidente Filippo *Pippo* Maimone, ex giocatore granata e figlio dello storico dirigente Saverio. Ne nasce un Maratea di grande livello con il poderoso Giuliano Greco tra i pali, Giuseppe Esposito e il giovane Michele Di Mingo terzini, Mauro Pisani nel ruolo di stopper e accanto a lui, nel ruolo di libero, il grande Carmelo La Torre, già pilastro del Catanzaro in Serie A. La mediana è composta dal capitano Roberto Ferrulli e dal formidabile e duttile Franco Iaria, con il reparto di centrocampo completato dagli ottimi Antonello Fontana, salernitano, e Vincenzo Pesce, lauriota. In attacco giocano il guizzante Saverio Menta e il micidiale Vito Cornetta, uno dei più forti attaccanti che abbiano mai indossato la maglia del Maratea. Altri titolari sono l'argentino Eliseo Cosenza, primo straniero della storia del Maratea, Cataldo Tosto, Massimiliano Boccaccini e i giovani marateoti Gabriele Accardi e Luca Marotta. In panchina l'eredità di Avigliano viene raccolta da Domenico D'Imperio, proveniente da Lauria, che dà alla squadra un gioco scintillante ed efficace. Superate le tradizionali difficoltà delle prime giornate il Maratea si sblocca alla nona giornata nell'attesissimo derby con il Lauria dell'ex Manfellotto. I granata vanno in vantaggio con un super gol: grande lancio lungo di Iaria, Fontana di testa corregge la traiettoria e Cornetta al volo sgancia un siluro imprendibile che gonfia la rete. Il Lauria pareggia quasi subito con Carlomagno sugli sviluppi di un calcio di punizione, ma il Maratea ci crede fino alla fine e all'84' Tosto va via sulla destra e apre per Cornetta che firma il definitivo 2-1 scatenando il tripudio dei tifosi.

Il prosieguo del campionato regala ai tifosi un Maratea spettacolare che coglie vittorie eclatanti come il 10-0 al Corleto (doppiette di Pesce, Fontana e Marotta, reti di Cornetta, Ferrulli, Boccaccini e Menta), vittoria col margine più ampio della storia dei granata in Promozione, il 5-0 al Picerno (quaterna di Cornetta e rigore di Pesce) e l'1-0 sul sempre difficilissimo campo del Lauria, nel derby di ritorno (rete di Menta). Un Maratea quindi decisamente prolifico in attacco, ma anche granitico in difesa: sono solamente 33 infatti i gol incassati nelle 30 giornate del campionato, mai così pochi per i granata in Promozione. Sempre a proposito di record, il Maratea stabilisce anche il proprio primato per quanto riguarda i minuti consecutivi senza subire gol, addirittura 653, poco più di 7 partite, di cui 563 con Greco tra i pali e 90 con il suo vice, il giovanissimo Francesco Trotta.

A fine campionato il Maratea si classifica al quinto posto, è il piazzamento migliore dei suoi anni in Promozione e vale l'accesso alla neonata Eccellenza, il nuovo massimo campionato regionale che prenderà il via dalla stagione seguente posizionandosi tra Serie D e Promozione. Con il livello che si alza servirà una squadra ancora più forte per essere competitivi, dunque il presidente Maimone si attiva per pescare elementi di spicco capaci di rinforzare una rosa che dovrà fare a meno di alcuni elementi come le punte di diamante Cornetta, La Torre e Ferrulli. L'operazione più eclatante del mercato estivo è quella che vede il promettente terzino sinistro marateota Michele Di Mingo, che ha stregato gli osservatori del Potenza, trasferirsi nel capoluogo di regione in cambio di ben quattro giocatori: il portiere Antonio

Mariano, il terzino sinistro Donato Zaccagnino e i centrocampisti Pace e Stigliani. Fra gli altri innesti si segnalano l'ala Felice Cetrangolo, il centrocampista slavo Aleksander Aleksic e gli attaccanti Giuseppe La Scaleia e Danilo Gigante.

Ben assemblata da mister D'Imperio, la squadra è davvero fortissima e parte a razzo portandosi in testa al campionato alla quinta giornata, suggellando poi il primato con due grandi vittorie, l'1-0 nel derby con il Lauria degli ex, guidato da Elio Avigliano e con Osvaldo Melfi centravanti, deciso da Gigante, e un eclatante 3-2 in casa del Melfi con doppietta di La Scaleia e rete ancora di Gigante. Sul più bello però la macchina perfetta granata s'inceppa con tre pareggi consecutivi e una sconfitta che fanno emergere qualche malumore nello spogliatoio. Il 12 gennaio i tirrenici cadono al 90' a Tricarico e le divergenze tra mister D'Imperio e una parte dello spogliatoio arrivano al punto che il presidente Maimone opta per l'esonero del tecnico, il primo nella storia del Maratea. Al suo posto Maimone chiama una vera e propria icona granata, Lillino Lammoglia, ex giocatore e allenatore del Maratea. La prima partita con Lammoglia in panchina, come da prassi in questi casi, vede il Maratea tornare al successo con un 1-0 ai danni della Santarcangiolese firmato da Umberto Tarcinale, poi è la volta della complicata trasferta di Potenza contro la Banca Pescopagano Invicta, nella quale i tirrenici strappano un buon punto pareggiando per 0-0. Terminata la partita Lammoglia si reca a Muro Lucano per osservare la Murese, capolista del campionato con tre punti sul Maratea e prossima avversaria dei granata, ed è lì che si accorge di come il gioco ad alta intensità dei biancorossi muresi li esponga ad un fisiologico calo nella parte finale della gara. Rientrato a Maratea, Lammoglia prepara dunque la tattica per il big match programmando di inserire dalla panchina l'argentino Cosenza per sfruttare la sua abilità quando la Murese sarà più debole. Il 2 febbraio è il grande giorno, lo stadio Europa è affollatissimo da un pubblico composto anche da una nutrita rappresentanza di tifosi della Murese e dai giornalisti della RAI, pronti con le loro telecamere a immortalare ogni evento di un match attesissimo. La tensione nello spogliatoio del Maratea è palpabile e i giocatori si rivolgono a Lammoglia per ricevere le ultime indicazioni: «*Mister, come giochiamo?*» Lammoglia, che il calcio lo mastica da trent'anni, sa che spezzare quella tensione può rivelarsi una carta vincente e con la più grande naturalezza del mondo risponde: «*C'u pallùne!"*». La battuta stempera l'atmosfera e i granata entrano in campo carichi e determinati, mettendo subito pressione alla capolista. Al 28' però arriva la doccia fredda: tiro da lontanissimo di Langella, senza pretese, papera clamorosa di Mariano che manca la presa e 1-0 Murese. Con orgoglio il Maratea si riporta subito in avanti e pareggia immediatamente: punizione di La Scaleia, respinta della barriera e conclusione al volo dello stesso La Scaleia che finisce in rete. Nella ripresa è la Murese a produrre il massimo sforzo e a sfiorare il gol con una punizione di Spina, ma Mariano si riscatta pienamente con un intervento difficilissimo che devia il pallone sulla traversa. Lammoglia manda dunque in campo Cosenza al posto di Gigante ed è la mossa decisiva. L'argentino infatti spacca la partita evidenziando il calo fisico della Murese e all'84' il Maratea passa in vantaggio con Esposito che risolve una mischia in area scatenando l'entusiasmo dei marateoti. Frastornata dal gol subito la Murese sbanda e viene trafitta da Cetrangolo che, su cross di Cosenza, si alza la palla e la gira al volo in rete realizzando un gol da cineteca. Passano due minuti e Cetrangolo trova la doppietta su azione personale. Finisce 4-1 per i granata, che si portano a un solo punto dalla capolista con una delle vittorie più iconiche della loro storia.

Il Maratea appare ora lanciatissimo e favorito per la vittoria del campionato, ma il successo con la Murese sarà il canto del cigno per i granata. La settimana successiva infatti Lammoglia si ritrova a disposizione solo gli undici titolari per la trasferta di Policoro. La squadra ionica viene da un lunghissimo digiuno di vittorie ma disputa un grande prova d'orgoglio sfiorando il vantaggio già al 10' con un tiro di Scungio che viene salvato sulla linea da Iaria. Il Maratea si ritrova in nove per l'infortunio di Stigliani e la doppia ammonizione a Muti, ma riesce al 75' a costruirsi una grande occasione con Aleksic, ma il suo tiro dopo aver superato il portiere si infrange sul palo. È l'episodio che rappresenta la svolta in negativo della stagione granata. All'88' anche Aleksic viene espulso e il Maratea resta in otto contro undici. All'ultimo minuto il Policoro trova il gol con un diagonale imparabile di Bruno. È la fine dei sogni di gloria per i tirrenici, che da questo momento, complici anche problemi interni alla squadra, non vinceranno più fino al 2-0 sul Pignola dell'ultima giornata, concludendo il campionato al quinto posto. Si chiude qui il mini ciclo di un Maratea che, pur non avendo vinto trofei, resterà sempre nell'immaginario dei tifosi come una delle squadre più forti e belle da vedere della storia calcistica tirrenica.

13.
La sconfitta dell'Invincibile Armata

È un Maratea profondamente rinnovato quello che si affaccia alla stagione 1992-93. La ridotta disponibilità economica della società fa sì che la quasi totalità dei giocatori dell'anno precedente lasci la squadra. Perse le stelle dell'anno precedente, si pensa a una stagione durissima per il Maratea, ma la squadra granata ha un importante asso nella manica da giocare: il suo settore giovanile. Come già successo numerosissime volte nel corso della storia granata, la nuova generazione di marateoti provenienti dal vivaio assicura una base importante e di sicuro valore alla prima squadra; al nuovo allenatore Orlando Pastina, già colonna della Battipagliese, bastano pochi allenamenti per notare il valore dei giovani marateoti ed assegnare un ruolo da titolare in pianta stabile a Gianfranco Limongi, Giuseppe

Maimone, Gaetano Marrelli, Vincenzo Trozzo, Biagio Limongi e Luca Marotta.

Per avere una squadra completa occorre però un giusto mix tra gioventù ed esperienza e la dirigenza si muove quindi sul mercato per affiancare ai giovani degli elementi affidabili e già abituati ai livelli dell'Eccellenza. La campagna acquisti riporta a Maratea giocatori come Saverio Menta, Antonello Fontana e Carmelo La Torre e nuovi innesti tra i quali Luigi Caputo, Antonio De Santis, Luigi Altieri, Micuccio e il portiere Paolo Priore. Quest'ultimo, a detta di chi lo ha visto giocare, può forse essere considerato addirittura il miglior estremo difensore che il Maratea abbia mai avuto.

La stagione, partita con l'incognita di una rosa totalmente stravolta e con il timore di dover lottare punto a punto per la salvezza, si rivela invece decisamente tranquilla per la squadra con una serie di buoni risultati che la tengono costantemente lontana dalle sabbie mobili della zona retrocessione. Meno lineari sono invece le vicende societarie, con il presidente Maimone che a metà stagione si dimette dal suo incarico. A prendere in mano la squadra è, in modo corale, la dirigenza, composta da fedelissimi granata come Elio Avigliano e Vincenzo Martino.

A dare manforte alla società arriva nel febbraio 1993 Biagio Velardi, un giovane imprenditore marateota destinato in futuro a diventare una colonna portante del Maratea. La prima partita a cui Velardi assiste da dirigente è tutt'altro che una gara qualsiasi: il derby con il Lauria, guidato dall'ex allenatore granata D'Imperio e che in attacco schiera l'amatissimo ex Osvaldo Melfi. Si gioca a Lauria e le formazioni sono le seguenti:

LAURIA: Capobianco, Amabile, Grosso (63' Messuti); Parisi, Cuomo, De Luca; Melfi, Liguori, Nicodemo, Cartolano, Papaleo (63' Lardo). All. D'Imperio.

MARATEA: Priore, Maimone, G. Limongi; De Santis, Micuccio, Avallone; B. Limongi (46' Marotta), Fontana, Altieri, Menta, Caputo. All. Pastina.

Il Maratea parte forte e sfiora per due volte il gol con Micuccio, poi è il Lauria a reagire e a trovare sulla sua strada un monumentale Priore. Al 68' il Lauria passa grazie alla classe di Melfi che controlla e insacca un pallone molto complicato. Assoluto protagonista del match è però il portiere granata Priore, che prima blinda più volte la sua porta mantenendo in partita il Maratea, poi al 90', quando i tirrenici conquistano un calcio d'angolo, prova il tutto per tutto e si getta nella mischia nell'area del Lauria: la palla calciata da Altieri vola proprio verso il numero uno granata, che stoppa e da vero attaccante realizza clamorosamente l'1-1. Paolo Priore diviene così il primo portiere della storia del Maratea a realizzare un gol in partite ufficiali. Le grandi emozioni regalate da questa stagione non sono ancora finite.

Invincibile Armata è il nome che fu dato all'impressionante flotta navale approntata dal re di Spagna Filippo II nel 1587, ma che fu clamorosamente sconfitta l'8 agosto 1588 dalla flotta inglese guidata da Francis Drake nella battaglia di Gravelinga, nel canale della Manica. Il Melfi del 1992-93 può senza dubbio essere considerato l'*Invincibile Armata* dell'Eccellenza lucana, una corazzata capace di incassare solamente 13 gol in 30 partite e di vincere a mani basse il campionato.

Il 14 aprile, quando in un insolito turno infrasettimanale il Maratea ospita il Melfi, nessuno immagina che lo stadio Europa sarà la Gravelinga dei gialloverdi. La partita è combattuta fin dall'inizio, col Maratea subito pericoloso con Trozzo, poi è come da pronostico il Melfi a macinare occasioni, ma quando un fenomeno come Priore abbassa la saracinesca non c'è nulla da fare. I granata si rendono pericolosi con Menta che brucia in velocità la difesa avversaria e sfiora il palo, poi la partita sembra ormai avviarsi al pareggio, ma ecco che al 90' accade l'incredibile: tiro del granata Altieri, respinta di un difensore melfese, arriva Marotta ed è gol! Il Maratea ha compiuto l'impresa. Luca Marotta, che aveva già segnato al Melfi all'andata, legherà per sempre il suo nome a quest'epica vittoria, com'è stato per Francis Drake con l'Invincibile Armata.

Il campionato 1992-93 termina con il Maratea che centra l'obiettivo stagionale conquistando la salvezza con netto anticipo. Ancora una volta il vivaio tirrenico ha dimostrato di essere una fucina di talenti in grado di ben figurare nel massimo campionato regionale.

14.
All'ultimo respiro

È ovvio affermare che nello sport il vincitore sia uno solo, colui che arriva primo. È ciò che viene spontaneo dire a tutti se interrogati a bruciapelo. Se si inizia ad approfondire il tema però, bastano pochi istanti affinché un'analisi più approfondita vada a minare la solidità di un'affermazione che superficialmente sembra lapalissiana. Una prima obiezione a noi italiani viene spontanea, perché il 1° agosto 2021 tutti abbiamo visto l'azzurro Gianmarco Tamberi e il qatariota Mutaz Barshim vincere entrambi la medaglia d'oro nel salto in alto alle Olimpiadi di Tokyo, un ex aequo dovuto alla parità nella massima misura raggiunta (2,37 m) e alla rinuncia allo spareggio. Qui però si parla di due che hanno effettivamente vinto, allora non basta, bisogna scavare di più. Formula Uno, Gran Premio di Francia 1979, circuito di Digione: Gilles Villeneuve su Ferrari e

René Arnoux su Renault danno vita al duello più bello di sempre delle corse automobilistiche, vinto dal ferrarista, valido però per il secondo posto, perché il primo è andato con tranquillità al francese Jean-Pierre Jabouille, anche lui su Renault, che per giunta ha conseguito la prima storica vittoria per una vettura con motore turbo. Eppure è quello il giorno in cui Villeneuve entra nel mito della Formula Uno facendo scoppiare la *Febbre Villeneuve* tra i ferraristi. Altro esempio: che la tappa del Tour de France 1994 con arrivo in cima alla mitica Alpe d'Huez sia stata vinta dal fuggitivo della prima ora Roberto Conti, uno dei migliori gregari italiani degli anni '90, è una cosa che oggi si ricorda quasi solo sugli almanacchi. Per tutti quella è la tappa in cui un debuttante Marco Pantani frantuma il record di scalata della leggendaria salita dopo aver staccato di netto la maglia gialla Miguel Indurain e Richard Virenque. Insomma, lo sport è sì competizione, ma non può prescindere dall'emozione. Se si guarda al calcio, di esempi ne saltano fuori a valanga, ma uno dei più recenti è stato il 22 maggio 2022, quando mentre sul campo del Sassuolo i tifosi del Milan festeggiavano lo scudetto appena vinto, il campo della Salernitana era invaso dai tifosi ebbri di gioia per aver centrato una salvezza incredibile ed in bilico fino all'ultimo minuto dell'ultima giornata. Ecco, parliamone della salvezza. Ogni campionato ha sempre due corse in sé, profondamente diverse, perché una cosa è lottare per vincere, un'altra è farlo per non retrocedere. George Orwell nel saggio *The Sporting Spirit* del 1945 afferma: «*Al parco del paese è possibile gareggiare per divertimento. Non appena fa capolino la questione del prestigio e si avverte che, in caso di sconfitta, il disonore ricadrà su di sé e su un'entità superiore, si scatenano gli istinti più brutali. Chiunque abbia giocato anche solo una partita di calcio a scuola è consapevole di questo fenomeno. Per dirla francamente, lo sport è un combattimento simulato. In altre parole, è la guerra senza gli spari*».

Salvarsi non è solamente una questione tecnico-tattica, servono grinta, fisicità, cuore e testa. Salvarsi all'ultima giornata è un'emozione inferiore (forse) solo alla vittoria del campionato o di un trofeo. A Maratea lo si è sperimentato tra il 1987 e il 1989, prima di vivere stagioni esaltanti sul piano del gioco e delle vittorie, ma nel '93-94 si torna in trincea e i marateoti riscoprono le travolgenti emozioni e il pathos della lotta salvezza.

Dopo la bella stagione 1992-93 a Maratea si dà ancora più spazio alla linea verde con molti ragazzi del vivaio confermati dall'anno prima che vanno a prendere il posto dei numerosi partenti, mentre il mercato vede i ritorni di Ferrulli, Iaria e Cetrangolo e l'innesto del fortissimo attaccante Alessandro Colangelo. Per il ruolo di allenatore viene scelta una vecchia conoscenza granata, l'ex difensore marateota Domenico Formica, reduce da un'ottima esperienza da allenatore a Trecchina dove ha condotto la squadra a vincere la Seconda Categoria. Arrivato a Maratea, Formica inizia subito a lavorare, ma si accorge che la situazione è più complicata del previsto: sono ben sette i titolari dell'anno prima ad essere andati via (Priore, Caputo, De Santis, Micuccio, Avallone, Altieri e Fontana) e, per quanto il potenziale dei ragazzini del vivaio sia elevato, sono pochi gli elementi di esperienza chiamati a trainare il gruppo.

L'esordio in campionato è subito un chiaro segnale d'allarme, con un Maratea imbottito di giovani che perde 7-0 in casa della Murese. Mister Formica prova a irrobustire la squadra con gli arrivi di De Aloe, Maisto e Grosso e la situazione migliora un pochino, con il Maratea che alla seconda giornata acciuffa all'88' l'1-1 contro il Rotonda grazie a una rovesciata di Cetrangolo. La terza giornata fa però capire che l'uscita dal tunnel è ancora lontana, con i tirrenici sconfitti per 4-1 a Tricarico. A tenere a galla il Maratea nei turni successivi sono due reti nei minuti di recupero di Marotta contro Fiocal Calvello e Marconia, che consentono di agguantare due pareggi e due punti preziosissimi. Quando il 31 ottobre però il Maratea cade per 5-0 a Villa d'Agri mister Formica decide di troncare la sua collaborazione con una squadra che si è rivelata un cantiere ancora in corso.

Al suo posto la dirigenza chiama Luigi Elio Ferrante, un'altra figura già nota all'ambiente granata essendo stato collaboratore di D'Imperio nel fortissimo Maratea di inizio anni '90. Ferrante, particolarmente attento alla preparazione atletica dei giocatori, arriva nel momento in cui la dirigenza marateota grazie a nuovi fondi può nuovamente agire sul mercato, riportando a Maratea il portiere culturista Greco e il roccioso difensore Pisani, abilissimo anche nell'impostazione della manovra. Ferrante porta con sé anche il conterraneo Gaetano Lenti, un esterno sinistro instancabile nelle corse su e giù per la fascia. Rinforzato a dovere, il Maratea di Ferrante infila una lunga serie di pareggi che fruttano un importante bottino di punti grazie ai quali i granata iniziano a risalire la classifica (nell'epoca in cui la vittoria valeva due punti a differenza dei tre di oggi il punto del pareggio, soprattutto contro una squadra di alta classifica, aveva un peso molto superiore a quello odierno). Alla vigilia della 28ª giornata, la terz'ultima del campionato, il Maratea ha 21 punti ed è a una sola lunghezza dalla Fiocal Calvello che occupa l'ultimo posto utile per rimanere in Eccellenza. Per i tirrenici c'è un proibitivo impegno casalingo con il forte Moliterno, ma la determinazione dei granata è fortissima e lo si capisce già al

1′ quando Cetrangolo sfiora il gol con un'azione personale. Al 18′ è invece Colangelo ad andare al tiro ma la palla viene respinta sulla linea da un difensore a portiere battuto. Il tandem Cetrangolo-Colangelo confeziona occasioni a raffica e al 39′ il Maratea passa in vantaggio: Colangelo per Cetrangolo che scaglia una saetta dal limite dell'area ed è 1-0. Tre minuti e Iaria sfiora l'eurogol con una punizione da trenta metri che esce di un nulla. Anche nella ripresa il Maratea attacca a ritmo tambureggiante, ma non trova il gol che chiuderebbe la gara. Nel finale i granata devono fronteggiare gli attacchi del Moliterno, ma l'ottimo Greco respinge ogni tiro ospite. Sono due punti vitali quelli conquistati dal Maratea, che resta così agganciata al treno della Fiocal che da par suo ha piegato il Castelluccio quarto. La 29ª giornata è quella del sorpasso: mentre la Fiocal cade sul campo della capolista Invicta Potenza per 2-0 il Maratea in casa batte per 4-0 il Pignola. Sarà decisiva l'ultima giornata, con il Maratea impegnato in casa del già retrocesso Genzano e la Fiocal che ospita l'Armento. Ai tirrenici, che hanno un punto di vantaggio in classifica, serve la vittoria per la matematica certezza della salvezza, mentre in caso di pareggio e contemporanea vittoria della Fiocal quest'ultima appaierebbe i granata e sarebbe davanti per differenza reti, condannando quindi il Maratea alla retrocessione.

Decisi a chiudere subito la pratica i marateoti partono fortissimo e trovano subito il gol al 5′ con Bollettino, ma la reazione d'orgoglio dei padroni di casa li porta ad ottenere il pareggio al 43′. All'intervallo la situazione sui due campi vede il Maratea salvo perché anche la Fiocal dopo l'iniziale vantaggio ha subito il gol dell'1-1, ma la squadra di Calvello sta giocando molto bene creando molte occasioni e la vittoria sembra assolutamente alla portata. I marateoti tornano quindi in campo determinati a trovare il gol del vantaggio e la palla buona capita a Marotta, proprio colui che con una serie di gol pesantissimi ha dato al Maratea i punti necessari a giocarsi questa salvezza, ma questa volta l'attaccante marateota sbaglia. L'arbitro fischia la fine, il risultato è 1-1. I marateoti tornano negli spogliatoi a capo chino, convinti di essere retrocessi. Nel 1994 non esistono di certo le app con i risultati aggiornati in tempo reale e i cellulari sono agli albori della loro storia, nessuno sa ancora che a Calvello è successo di tutto. Al 58′ infatti la Fiocal aveva segnato il gol che in quel momento le dava la salvezza, ma al 78′ era arrivato clamorosamente il pareggio dell'Armento che riportava il Maratea davanti in classifica, poi all'81′, con la Fiocal tutta in avanti, gli ospiti avevano chiuso la pratica con il gol del 3-2.

Il Maratea è ufficialmente salvo. Quando la notizia arriva finalmente ai granata l'emozione e la gioia sono immense, l'impresa è stata compiuta.

Archiviata una stagione 1993-94 da brividi il presidente Maimone richiama sulla panchina granata il mitico Elio Avigliano, tornato a Maratea l'anno precedente con l'incarico di tecnico delle giovanili, e gli affida quella che, come ricorderà lo stesso Avigliano, è una delle squadre più forti che abbia mai avuto a disposizione, soprattutto in attacco dove torna in granata il fenomenale Cornetta e passa in prima squadra il promettentissimo Andrea Forte, già allenato da Avigliano l'anno precedente nella squadra giovanile. Altri innesti sono quelli di Christian Di Giovanni, giovane esterno marateota di grande corsa, del mediano Canio Calogero, del duttilissimo Luigi Angelucci e dei centrocampisti Massimo Mastrangelo, Giulio Mancusi ed Emilio Sorato. Nonostante le potenzialità della rosa e la volontà di far bene la stagione si rivela però ancora più complicata della precedente. Il Maratea '94-95 sembra l'incarnazione della legge di Murphy, tutto ciò che può andare male lo fa, come nelle sconfitte contro Lauria, Lagonegro e Armento, tutte e tre arrivate a causa di gol fortunosi nei minuti finali dopo che i granata avevano prodotto una grande mole di occasioni in cui anche la sfortuna aveva messo lo zampino. A complicare la situazione c'è anche la partenza di Cornetta, costretto ad allontanarsi dai campi per il servizio militare. Quando il 5 marzo il Maratea perde 4-0 a Lauria Elio Avigliano rassegna le dimissioni. Rimarrà per sempre l'ultima panchina granata del tecnico più amato dai marateoti. La squadra, affidata al nuovo allenatore Di Tommaso, incappa in altre tre sconfitte consecutive e scivola in zona retrocessione, a un punto dall'Angelo Cristofaro Oppido. Mister Di Tommaso viene esonerato e a tentare l'impresa salvezza nelle ultime sette giornate viene chiamato nuovamente Luigi Elio Ferrante, l'eroe della stagione precedente. Dopo due gare di adattamento, con un pari e una sconfitta, il lavoro del tecnico calabrese frutta una grande vittoria interna per 4-2 sul Moliterno. L'A.C. Oppido, vincente sul Lauria, ha però un buon margine di tre punti sui granata quando mancano quattro gare alla fine (e la vittoria vale ancora due punti), anche se all'ultima giornata dovrà osservare un turno di riposo dovuto al ritiro dal campionato del Marconia. Alla 31' giornata l'Oppido cade per 4-0 sul campo della capolista Melfi e il Maratea, vittorioso per 2-1 a Tricarico, si porta a un punto e inizia a sperare. La volata salvezza è ormai lanciata e ogni punto può essere decisivo. Il turno 32 è degno della fantasia di Alfred Hitchcock. L'Oppido riceve in casa il Lagonegro, va sotto per 1-0, ma una pioggia torrenziale causa l'interruzione per la partita per impraticabilità di campo e la gara dovrà essere recuperata rigiocando dall'inizio. Il Maratea nel frattempo è impegnato sul campo della blasonata Vultur Rionero, in una sfida proibitiva che si gioca in un clima infuocato, per di più i tirrenici hanno la rosa decimata e Ferrante deve ricorrere ai ragazzini del vivaio per completare la formazione titolare. Malgrado tutto, è proprio il Maratea a passare in vantaggio con Colangelo, ma la Vultur perviene subito al pareggio con Piteo e all'82' ribalta il punteggio ancora con Piteo. Il Maratea vede gli spettri, ma riesce a trovare la forza per ributtarsi in avanti e conquistare un rigore. Colangelo va dal dischetto, ma il suo tiro viene parato da Catalano. Al 94', all'ultima azione della partita, palla ancora a Colangelo che con un super tiro dalla distanza trafigge Catalano trova un 2-2 che vale un punto di platino per il Maratea, che aggancia così l'Oppido in attesa della ripetizione della partita col Lagonegro. Giornata 33: l'Oppido impatta sullo 0-0 in casa dell'Armento e si porta a 22 punti. Il Maratea assedia la porta del Tolve ma la gara sembra non volersi sbloccare, poi al 70' punizione di Colangelo, respinta della barriera, conclusione al volo di Trozzo e gol che fa esplodere i tifosi. Sulle ali dell'entusiasmo arriva anche il 2-0 di Gaetano Marrelli che mette in cassaforte il risultato, con il Maratea che sale a 23 punti e scavalca l'Oppido a un turno dal termine. L'altalena di emozioni non è di certo finita qui, perché nel recupero del match con il Lagonegro l'Oppido coglie una pesantissima vittoria che lo porta a 24 punti, di nuovo davanti al Maratea. I granata dovranno conquistarsi la salvezza all'ultimo turno, battendo nel suo stadio il Castelluccio quinto in classifica. Il giorno della gara in tribuna prende posto una nutrita rappresentanza dell'Oppido, fermo come detto per il previsto turno di riposo e accorso a Castelluccio per osservare dal vivo il match che ne deciderà il destino. 3 minuti di gioco e le cose si mettono subito malissimo per il Maratea che incassa il gol di Porzio. Mastrangelo e Trozzo ci provano, ma è il portiere Greco a tenere a galla il Maratea con una grande parata su M. Scorza. Al 41', in mischia, Mastrangelo segna un gol d'importanza vitale per i tirrenici che, galvanizzati dal gol, nella ripresa cingono d'assedio la porta del Castelluccio. Ancora Mastrangelo e poi Pisani sfiorano il gol, quindi è Colangelo a dipingere una delle sue abituali punizioni capolavoro e a segnare il gol che fa esplodere i granata. È 2-1, il Maratea è virtualmente salvo e cerca di amministrare il vantaggio contenendo la veemente reazione del Castelluccio, che viene arginato due volte da grandi interventi di Greco. Al 74' però arriva la doccia fredda, un rigore per i padroni di casa che Gesualdi insacca firmando il 2-2. Un gol che si abbatte come un macigno sulle speranze del Maratea, ma non è ancora detta l'ultima parola. Passa solo un minuto e il pallone viene crossato nell'area del Castelluccio. Gianfranco Limongi, giovane terzino destro del Maratea portatosi in avanti, colpisce di testa e segna uno dei gol più importanti della storia granata, il gol che regala ai tirrenici la salvezza. La partita finisce 3-2, per il secondo anno di fila il Maratea si salva all'ultimo respiro. È il 14 maggio 1995, è la domenica di San Biagio, e la squadra al ritorno da Castelluccio giunge nell'affollatissimo centro storico di Maratea dov'è in corso la festa patronale. Domenico Limongi Fioravante, che dagli anni '60 segue il Maratea come giornalista ed è uno storico membro del comitato per i festeggiamenti di San Biagio, chiama la squadra sul palco di piazza Buraglia e celebra il compimento dell'impresa salvezza, con il pubblico che applaude calorosamente. A mezzanotte poi i tradizionali fuochi d'artificio calano il sipario sulla festa e su una delle stagioni più appassionanti ed emozionanti della storia del Maratea calcio.

15.

Il volo di Icaro

L'estate 1995 porta grosse novità sul fronte calcistico a Maratea. Il nuovo Sindaco della città, il già citato prof. Francesco Sisinni, interviene in prima persona per aiutare il calcio marateota e costituisce la Polisportiva Turrita, riportando in auge il nome della gloriosa formazione del '50 e del '62-63, che rileva la società Sport Club Maratea. La presidenza del nuovo sodalizio viene assunta dal geom. Biagio Vitolo, il mitico creatore e capitano della grande Turrita. La nuova società è un mix di figure già presenti nell'SC Maratea come Biagio Velardi, Vincenzo Martino e l'ing. Miguel Montesano e nuovi elementi come gli imprenditori Vincenzo Limongi e Vincenzo Metastasio, che avranno un ruolo chiave nei due anni successivi. Elio Avigliano mantiene un ruolo societario con l'incarico di segretario, mentre proseguono la loro avventura granata due storiche figure professionali, il medico sociale dott. Giovanni Chiacchio e il massaggiatore Carmine Motta. A disposizione del confermato allenatore Luigi Elio Ferrante viene messa una rosa rinforzata in modo consistente dalla dirigenza, in particolare da Biagio Piscitelli, attivissimo nel calciomercato. Fra gli innesti si segnalano in particolare i ritorni degli iconici Biagio Di Mingo e Pasquale Capobianco, colonne del Maratea di Elio Avigliano negli anni '80, e dell'inesauribile motorino di fascia Gaetano Lenti, mentre fra i nuovi arrivi si segnalano l'ottimo portiere Gerardo Galdoporpora e i validissimi centrocampisti Fabio Liparoto, Antonio Catalano e Luigi Boccia. Il 16 settembre il campionato del Maratea inizia con la presentazione della Polisportiva Turrita in una solenne cerimonia allo stadio Europa presieduta dal prof. Sisinni e con la partecipazione del presidente Vitolo, della contessa Chiara Rivetti di Val Cervo e dell'ospite d'eccezione Rev. Padre Di Nunzio O.M.I., tornato a Maratea per celebrare la rinascita della squadra che aveva co-fondato e allenato nel '49-50. Durante la manifestazione l'inno *La Turrita* ritorna dopo 46 anni ad essere suonato in un campo da calcio. L'incontro d'apertura del primo campionato dell'era dei tre punti per la vittoria vede il Maratea sfidare il temibile Pescopagano e il risultato finale sorride ai tirrenici, vittoriosi per

1-0 grazie ad un colpo di testa di Boccia. A distanza di sette anni dall'ultima volta (17 settembre '89, Maratea-Scanzano 3-0) il Maratea torna a vincere alla prima giornata ed è il preludio a una stagione nettamente migliore delle due precedenti. La Turrita Maratea parte infatti fortissimo e arriva addirittura a sfiorare la testa della classifica alla 5ª giornata, prima di attraversare un mese di buio dovuto anche ai primi segni di fatica dei giovani marateoti che il sabato sono impegnati con la squadra giovanile e la domenica scendono in campo con la prima squadra. Sistemato il problema con il dialogo tra mister Ferrante e lo staff tecnico della giovanile e potenziata la rosa con gli innesti di due *top players* come Egidio Fiatamone e Nicola Ricciuti, la squadra torna a correre e piazza un girone di ritorno fantastico, con vittorie di peso come l'1-0 nel derby col Lauria (rete di Fiatamone) e il 3-1 al Lagonegro (Fiatamone, Ricciuti e Boccia). La rimonta nella seconda parte del campionato permette al Maratea di issarsi fino al sesto posto nella classifica finale, a pari punti con l'Avigliano quinto e con una punta di rimpianto per quel mese di black out nel girone d'andata. Il bel campionato dei granata ha dimostrato come le zone alte della classifica siano un obiettivo nelle corde di questo Maratea.

L'estate 1996 porta l'ennesima rivoluzione in riva al Tirreno. A prendere in mano la situazione nella società sono infatti Vincenzo Limongi, prossimo a rilevare Biagio Vitolo come nuovo presidente, e il direttore sportivo Metastasio, che operano un ulteriore rinnovamento sia nella dirigenza che nella squadra. La scelta è di fare all-in sulla stagione 1996-97 per raggiungere il dichiarato obiettivo di vincere l'Eccellenza e accedere al Campionato Nazionale Dilettanti, l'ex Interregionale, il massimo livello del calcio dilettantistico. In panchina viene assunto un mostro sacro del calcio lucano come Biagio Savarese, che da calciatore aveva militato nel Potenza che nel '75 aveva giocato in amichevole a Maratea e poi negli anni '80 e '90 si è affermato come allenatore di successo portando il Moliterno a vincere la Promozione '89-90 e il Melfi a dominare l'Eccellenza '92-93. Mauro Pisani, Andrea Forte e Christian Di Giovanni sono gli unici calciatori confermati dalla stagione precedente in una rosa che sembra quasi una rappresentativa da torneo delle regioni per la quantità di giocatori di livello assoluto tra le sue fila. In porta arriva uno dei migliori portieri lucani, Daniele Moreschi; la difesa titolare è composta dai terzini Antonino Grosso e Raffaele Fortunato mentre in mezzo ci sono Pisani, il rientrante Donato Zaccagnino e Mariano Di Perna, a cui si aggiungerà a stagione in corso l'eccellente Gustavo Cittadini. Francesco Iannotti e Giuseppe Telesca sono uomini preziosi a centrocampo, mentre in attacco è ormai esploso il talento di Forte, a cui vengono accostati il prolifico Paolo Panariello e, dopo un iniziale cameo del mitico Cornetta, lo storico cannoniere di Moliterno e Melfi (e non solo) e pupillo di Savarese Donato Turturiello, fuoriclasse capace di mettere a segno caterve di gol in ogni campionato disputato e che tanto per presentarsi bene al pubblico marateota debutterà con una tripletta. Altri elementi spesso in campo sono Cosimo e Onofrio Avallone e i giovani marateoti Di Giovanni e Vincenzo Trozzo. È senza dubbio alcuno una delle squadre più forti di tutta la storia del Maratea e il campo lo dimostra, con i tirrenici che dopo una partenza a singhiozzo iniziano a carburare come un motore diesel e rimontano prepotentemente fino ad inserirsi nella lotta al primato con squadroni come Vultur Rionero, Policoro e Lagonegro.

L'8 dicembre, alla 13ª giornata, la Turrita Maratea fa visita al Castelluccio. Arrivato al campo, mister Savarese nota che l'area di rigore disegnata sul campo è più piccola del normale, troppo più piccola per il regolamento, e presenta dunque protesta scritta all'arbitro. Il direttore di gara fa comunque giocare la partita e procede alla verifica solo a match concluso sul risultato di 1-1 (per il Maratea gol di Turturiello al 90'). A fine gara l'area viene misurata sotto gli occhi dell'arbitro e risulta effettivamente troppo piccola, ma il ricorso del Maratea non si tramuta in una vittoria a tavolino perché, come rileva il Giudice Sportivo, l'arbitro è incorso in un errore tecnico facendo giocare la partita con riserva senza avvertire il Castelluccio per procedere alla misurazione prima del fischio d'inizio. La gara viene dunque ripetuta il 19 gennaio 1997, ma ancora una volta c'è materiale per il giudice sportivo, perché accade qualcosa di ancora più clamoroso: al 62' spariscono i palloni! Il referto dell'arbitro racconta infatti che sul risultato di 2-0 per la Turrita Maratea vengono a mancare tutti e tre i palloni che la squadra di casa deve obbligatoriamente avere a disposizione durante una gara. Dopo un'attesa di 20 minuti, in cui è saltato fuori solo un pallone bucato, l'arbitro procede da regolamento ad assegnare la vittoria al Maratea col punteggio di 2-0.

Tre giorni dopo la Turrita Maratea è attesa ad un altro recupero, quello del big match con la Vultur Rionero, originariamente previsto per la domenica precedente ma rinviato causa nebbia. Per qualche motivo però la Turrita non si presenta al campo. I racconti di chi c'era parlano di un problema meccanico al pullman della squadra, ma la verità dei fatti forse non si saprà mai. Ciò che è certo è che la mancata presenza costa al Maratea la sconfitta a tavolino e un punto di penalità in classifica, malgrado i tentativi di giustificazione.

Esattamente come trent'anni prima, quando l'assenza ad Avigliano costò la promozione in Serie D al Maratea di Santoro e Ferrulli, un'altra assenza allontana in modo (quasi) decisivo la squadra dalla vittoria del massimo campionato regionale e dall'approdo nel campionato interregionale. Quasi, perché la reazione dei tirrenici nelle giornate successive è veemente e una serie di vittorie strepitose e pesantissime come l'1-0 a Lagonegro (rigore di Forte all'85') e il 2-0 sul Policoro (Panariello e autorete propiziata da Forte) portano la Turrita in vetta alla classifica a soli quattro turni dalla fine. L'obiettivo della dirigenza sembra più vicino che mai, ma l'entusiasmo si spegne appena sette giorni dopo, quando i tirrenici affondano clamorosamente per 4-2 sul campo del Tito, squadra di metà classifica che nulla aveva più da chiedere al campionato. Le ultime tre giornate, tutte vinte, non bastano a riconquistare la vetta, e la Turrita Maratea chiude il campionato al terzo posto, a quattro punti dal Lagonegro vincitore della volata finale sulla Vultur.

Esattamente come quella di trent'anni prima, la stagione 1996-97 del Maratea è piena di *sliding doors*. La nebbia di Rionero, la mancata presentazione al recupero della gara con la Vultur, il rigore fallito da Turturiello a Tito al 70', quando il risultato era sul 3-1 e si poteva ancora recuperare...

Sono tanti gli eventi che hanno indirizzato decisamente l'epilogo della stagione. Viene da chiedersi come sarebbe proseguita la storia del Maratea se anche solo uno di questi episodi fosse andato diversamente, e a rispondere è ciò che accade nei due anni successivi.

Nella mitologia greca Icaro era il figlio di Dedalo, il geniale inventore, scultore e architetto autore del celebre labirinto di Cnosso, situato nei sotterranei del palazzo di Minosse, re di Creta, dove verrà poi rinchiuso il Minotauro. Secondo il mito, una volta ultimato il labirinto Minosse vi imprigionò lo stesso Dedalo, assieme a Icaro, in modo che non potesse rivelarne la pianta. Dedalo però realizzò due paia di ali con piume d'uccello e cera e riuscì a librarsi in volo insieme a Icaro, fuggendo dal labirinto. Dedalo aveva raccomandato al figlio di volare a mezz'altezza, non troppo vicino al mare per evitare che l'umidità appesantisse le piume e non troppo vicino al sole per evitare che il calore sciogliesse la cera. La meraviglia del volo e la bellezza del sole furono però un richiamo troppo forte per il giovane, che volò sempre più in alto per avvicinarsi all'astro finché appunto la cera che teneva insieme le ali venne sciolta dal calore. Icaro precipitò in mare, trovandovi la morte.

Il campionato del 1996-97 per il Maratea si rivela essere proprio come il volo di Icaro, perché il desiderio di raggiungere la promozione nel C.N.D. è fatale. Le spese per la gestione di una squadra di questo livello e con queste ambizioni si rivelano insostenibili per la società. Si ha quindi la risposta a cosa sarebbe successo se gli episodi sfavorevoli della stagione avessero girato a favore dei granata: nulla, perché non ci sarebbero comunque state le possibilità di disputare eventualmente il Campionato Nazionale Dilettanti.

L'estate del 1997 è turbolenta, con gli addii di Savarese e di buona parte dei fuoriclasse della squadra, ma la rosa mantiene ancora diversi elementi di grande livello e si può puntare ad un campionato tranquillo. La bomba però, sta ormai per esplodere. La società è in grave crisi economica e le mensilità non possono essere corrisposte ai giocatori, che alla 5ª giornata lasciano in blocco la squadra. La Turrita Maratea è ormai un gigante che barcolla, è come il Titanic che imbarca inesorabilmente acqua dopo aver urtato l'iceberg. Dopo giorni in cui lo spettro dell'esclusione dal campionato si fa sempre più concreto, si riesce a salvare la partecipazione allestendo una squadra di soli ragazzini di Maratea presi dalle giovanili, con un'età media inferiore ai 18 anni, che viene affidata al tecnico Dante Muratore. Poco da dire sull'esito delle partite, in un campionato competitivo come l'Eccellenza del '97-98 una squadra che di fatto è una giovanile subisce goleade su goleade, ma i ragazzini tengono duro e riescono a portare a termine il campionato, cercando comunque di fare il loro meglio e di divertirsi tutto sommato. Si mettono in mostra il portiere Stefano Aliberti, che ogni domenica evita alla squadra un passivo ancora più pesante e si toglie anche la soddisfazione di parare alcuni rigori, il difensore Davide Di Trani, figlio di Mario, grande difensore degli anni '60 e poi Sindaco di Maratea, che segna due reti, e l'attaccante Vincenzo Ciccone, che di reti ne segna cinque. Altri due gol li segna il rientrante Vincenzo Trozzo e uno lo firma addirittura il secondo portiere Vincenzo Colavolpe, schierato in attacco alla 18ª giornata per mancanza di altri giocatori, a riprova di quanto sia stata difficile la stagione per i tirrenici. L'esito finale di un campionato chiuso con 0 vittorie, 2 pareggi e 28 sconfitte non può essere altro che la retrocessione in Promozione.

Per la stagione 1998-99 la squadra si presenta ai nastri di partenza con ancora una formazione di giovanissimi locali a cui però si aggiungono elementi come Luca Marotta, Gianfranco Limongi, Christian Di Giovanni e Vincenzo Marrelli, gente con trascorsi importanti nel Maratea degli anni '90. L'allenatore è Vicente Limongi, fortissimo attaccante del Maratea degli anni '60 e '70. Il nuovo presidente Felice Laino prova in tutti i modi a tenere in vita la squadra, che nelle prime giornate riesce comunque a strappare un buon pari a Lagopesole (2-2, reti di Nicola Panaino e Antonio Magnabosco) e una bella vittoria per 3-0 sul Ricigliano (doppietta di Magnabosco e gol di Panaino), ma a novembre affiorano definitivamente tutti i problemi economici e Laino, di fronte alla mancanza di supporto in città, anche da parte di chi in precedenza si era detto pronto ad aiutare la squadra, decide di dire basta. Il 13 dicembre 1998, dopo quattro rinunce consecutive, la Turrita Maratea viene esclusa dal campionato. L'epopea della squadra che dagli anni '60 ha fatto sognare generazioni e generazioni di tifosi s'interrompe quindi bruscamente proprio all'alba del nuovo millennio, ma la storia del calcio marateota è bel lungi dall'essere terminata.

16.
Up and down

Sono trascorsi pochi mesi dalla chiusura della Turrita Maratea e già qualcosa si muove nella Maratea calcistica. Il protagonista principale di questa nuova era è Carlo Cipolla, che tra la primavera e l'estate del 1999 si adopera per ricreare il Maratea Calcio. La passione dei marateoti per il pallone è sempre grandissima e Cipolla trova un terreno fertile per costituire una società che prende il nome di Nuova Maratea Calcio. Cipolla assume la carica di presidente e la società è composta da Vincenzo Di Giovanni, Giuseppe Trotta, Maurizio Greco, Pierfranco e Vincenzo De Marco e Biagio Avigliano. Il ruolo di allenatore va a Franco Iaria, già capitano dell'SC Maratea nei primi anni '90.

La nuova società deve per forza di cose iniziare il suo cammino dal livello più basso del calcio italiano, la Terza Categoria, proprio come era successo all'allora neonato SC Maratea nel '63-'64.

La rosa della squadra è sostanzialmente la stessa che aveva iniziato il campionato di Promozione nella stagione precedente e di conseguenza ci sono buone possibilità di disputare un campionato lottando per le zone alte della classifica. L'esordio non è ideale, con una sconfitta per 3-2 sul campo del Corleto poi vincitore del campionato, ma da quel momento la squadra, guidata da un grande attacco composto da Luca Marotta, Pierpaolo Schettino e Antonio Magnabosco, infila una serie positiva da applausi che la porterà a concludere la stagione al secondo posto in classifica con 9 vittorie, 4 pareggi e 3 sconfitte, ottenendo al primo tentativo la promozione in Seconda Categoria. L'anno successivo la Nuova Maratea Calcio ha come obiettivo la salvezza e lo centra in pieno, concludendo al settimo posto su sedici squadre. Dopo gli anni neri 1997-98 e 1998-99 sembra ormai che il Maratea sia uscito dal tunnel e che abbia ritrovato stabilità, invece all'orizzonte si stanno addensando nuvole nere di tempesta. La stagione 2001-02 si rivela complicata dal punto di vista sportivo per il Maratea, impantanato fin da subito nella lotta per non retrocedere, ma soprattutto dal punto di vista finanziario. Con la società in grande crisi economica la squadra è costretta in più di un'occasione a rinunciare alle trasferte, finché, a seguito della quarta rinuncia stagionale, il 10 aprile 2002 la Nuova Maratea Calcio viene ufficialmente esclusa dal campionato di Seconda Categoria. È una nuova mazzata per la Maratea calcistica, che per la seconda volta in quattro anni perde la sua squadra. La stagione 2002-03 è la prima dopo 40 anni senza una squadra di Maratea iscritta ad un campionato regionale.

Non esiste però solo il calcio degli "adulti", la storia del Maratea calcio l'ha dimostrato con i tantissimi talenti sfornati dalle giovanili, e nei suoi tre anni di vita la società Nuova Maratea Calcio ha fatto alla cittadina tirrenica un grande regalo, quello di mantenere in vita la scuola calcio. Grazie ad essa in questi anni cresce calcisticamente una nuova generazione di talenti che andrà poi a costituire la base del Maratea del futuro e non solo, perché tra loro c'è chi spiccherà il volo verso piazze importanti come Davide Maimone, che militerà nella primavera del Pescara al fianco di Marco Verratti (campione d'Europa con la Nazionale nel 2021) e giocherà per squadre come il Foggia, togliendosi poi nel corso della carriera la soddisfazione di rifilare addirittura una doppietta al Milan (amichevole Milan-Sant'Angelo Lodigiano 9-2 del 7 febbraio 2013) e un gol al Parma (amichevole Parma-Casalgrandese del 19 ottobre 2016). Tanti altri sono i ragazzi di Maratea cresciuti in quegli anni spiccano il volo verso società importanti del circondario e non solo, affacciandosi anche al livello professionistico, e che poi (*piccolo spoiler*) torneranno nella cittadina tirrenica con ruoli da protagonisti nel rinato Maratea degli anni duemiladieci e duemilaventi. Alcuni nomi sono quelli dell'instancabile terzino Matteo Carluccio, dotato anche di un'ottima tecnica individuale, del guizzante e prolifico attaccante Francesco Di Puglia, inarrestabile nella corsa e implacabile sotto porta, e di Federico Morena, roccioso difensore con i piedi da trequartista, figlio dell'indimenticabile Bruno, portiere di Maratea, Massa e Trecchina e icona dei tornei estivi marateoti.

La storia della prima squadra subisce dunque un'interruzione che dura più stagioni, mentre quella del Maratea giovanile prosegue. Anzi, nell'estate del 2004 ha luogo un evento che inizialmente passa quasi inosservato tra i calciofili marateoti, ma che segnerà la storia del calcio della città: nasce infatti una nuova società che prende in gestione la scuola calcio e le formazioni giovanili. Si chiama FC Maratea, ne risentiremo parlare…

C'è a questo punto una fugace parentesi nel calcio marateota, perché nel 2005 si prova a riavviare la prima squadra entrando in società con il Cogliandrino, formazione che milita in Eccellenza lucana. La squadra disputa le partite casalinghe allo stadio Europa e assume ufficiosamente il nome di Cogliandrino-Maratea, rimanendo però ufficialmente registrata come S.S.C. Cogliandrino. L'allenatore è Raniero Calliari, un tecnico emiliano-romagnolo trasferitosi in riva al Tirreno con nel curriculum importanti trascorsi come quello nelle giovanili del Carpi. Diverrà una figura chiave del calcio giovanile marateota. La squadra è composta per gran parte da elementi di altri paesi, già militanti nel Cogliandrino nelle stagioni precedenti, ma in rosa trovano spazio diversi giovani di Maratea come Andrea Formica, un centrocampista duttile e poderoso che avrà anch'egli un ruolo importantissimo nel Maratea del futuro e discendente di due icone granata: suo padre è infatti Domenico Formica, suo nonno materno è Vincenzo Ferrulli; in rosa ci sono anche il già citato Francesco Di Puglia, e le giovani promesse marateote Andrea Martino, Stefano Fortunato e Danilo Schettino, futuro giocatore granata e attuale tecnico della formazione juniores.

Maratea torna quindi a respirare l'atmosfera dell'Eccellenza, anche in compartecipazione con il Cogliandrino, ma l'esperienza è breve perché la stagione si rivela pessima dal punto di vista sportivo e la squadra conclude il campionato all'ultimo posto con 2 vittorie, 10 pareggi e 22 sconfitte. L'avventura condivisa tra Maratea e Cogliandrino finisce qui.

Procede invece benissimo in questi anni l'attività dell'FC Maratea, che tiene alto il nome della cittadina tirrenica nei campionati giovanili. Nel vivaio marateota si stanno mettendo in luce diversi ragazzi, in particolare due figli d'arte: uno è Saverio Maimone, esterno a tutta fascia di grande potenza atletica e ottimi piedi, terzo rampollo di una dinastia legatissima ai colori granata, nipote dello storico dirigente Saverio e figlio di Filippo, prima calciatore e poi presidente del Maratea; l'altro è Paolo Laino, fenomenale e funambolico centrocampista con una capacità e una velocità enorme nel leggere il gioco, figlio di Michele, attaccante del Maratea degli anni '70. Gli appassionati marateoti impareranno a conoscerli molto bene negli anni seguenti.

17.
La meteora Oratorio Lentini

Una meteora è un frammento di asteroide, o di un altro corpo celeste, che entrando nell'atmosfera terrestre impatta contro le molecole di essa e diviene incandescente per il grande calore generato dalla collisione. È ciò che viene comunemente chiamata stella cadente. L'incandescenza dona alle meteore una luce sfavillante, che però dura pochi istanti, poi nella stragrande maggioranza dei casi il corpo celeste si dissolve nell'aria. Per analogia, il termine meteora viene utilizzato per indicare, nello sport o nella musica, qualcosa o qualcuno che ottiene in breve tempo una grande popolarità salvo poi sparire nel nulla nel giro di pochissimo tempo. Meteora è la definizione più appropriata per descrivere ciò che ha rappresentato per il calcio marateota l'Oratorio Domenico Lentini Maratea.

È il 2006, si è appena conclusa la breve avventura del Cogliandrino-Maratea e la cittadina tirrenica si trova di nuovo senza una prima squadra che la rappresenti nei campionati regionali, visto che l'FC Maratea prosegue col suo impegno limitato alle categorie giovanili. A dare una svolta alla situazione è il parroco di Maratea, don Vincenzo Iacovino, che si prodiga per costituire una nuova società così come aveva fatto nel lontano '50 un altro ecclesiastico, l'oblato padre Di Nunzio, col suo impegno al fianco di Biagio Vitolo per la creazione della Turrita. L'operato di don Vincenzo porta alla nascita di una nuova squadra che assume il curioso nome di Oratorio Domenico Lentini Maratea, che colloquialmente verrà presto contratto in Oratorio Lentini o ancora più semplicemente in Oratorio. Svolta storica nei colori sociali, non più il tradizionale granata marateota ma maglia bianca con inserti blu notte, pantaloncini e calzettoni blu notte. La presidenza viene assunta da Giovanni Brando, mentre fra i dirigenti ci sono Domenico Longo e Vincenzo Spatuzzi. La squadra è composta interamente da ragazzi di Maratea, attingendo in parte dai reduci della Nuova Maratea Calcio (come i fratelli Biagio detto Ginetto e Gianluca Zaccaro o il talentuoso trequartista italo-brasiliano Giancarlo Sacco) e in parte dai nuovi talenti del calcio marateota come Vincenzo

Acquaviva e Davide Marrelli. Ad allenare è Antonio Magnabosco, già fantasista dell'ultima Turrita Maratea e poi della Nuova Maratea Calcio, che riveste il ruolo di allenatore-giocatore pronto a scendere in campo in caso di necessità per fornire il suo validissimo contributo.

La prima stagione, con la squadra che ovviamente deve partire dalla Terza Categoria, è disputata all'insegna del divertimento e senza un obiettivo preciso, con un nono posto come risultato finale. L'anno successivo, il 2007-08, vede invece l'Oratorio iscriversi alla Seconda Categoria grazie ai ripescaggi. La squadra si stabilizza nella formazione, con in porta l'esperto tortorese Domenico Esposito, Mario Martillotta e Christian Di Giovanni sulle corsie esterne della difesa e i fratelli Zaccaro al centro, Remo Morena mediano, Vincenzo Acquaviva e Vincenzo Chiappetta mezzali, Giancarlo Sacco trequartista e in avanti una temibilissima coppia d'attacco formata dall'esperto Luca Marotta e dal promettentissimo Francesco Di Puglia. Altri titolari sono Antonio Viceconte, Vincenzo Maimone, Roberto Corinto e Biagio Trotta. L'Oratorio, nonostante il salto di categoria, mostra subito di voler fare sul serio e parte fortissimo con un eclatante 4-0 all'Italica Metaponto (doppietta per Di Puglia e reti di G. Sacco e Acquaviva), confermandosi poi tra le squadre più in palla del campionato con una serie di vittorie che portano i tirrenici ad agguantare la testa della classifica alla 6ª giornata grazie al successo sulla capolista Aurora N. Russo Tursi, battuta 2-1 con i gol di R. Corinto e B. Zaccaro. L'ascesa viene però bruscamente interrotta al turno successivo, quando l'Oratorio dopo essere andato in vantaggio per 3-1 sul campo del Castelluccio Inferiore viene raggiunto con due reti negli ultimi cinque minuti, perdendo la vetta della graduatoria. L'Oratorio sbanda e incappa in quattro sconfitte nelle successive sei giornate, prima di rialzare la testa e piazzare una rimonta entusiasmante nel girone di ritorno. Lo stadio Europa, da anni ormai abbandonato dal pubblico, torna improvvisamente a riempirsi grazie ad una squadra che fa ardere a fuoco vivo la passione calcistica dei marateoti. Il 16 marzo, di fronte a un numerosissimo pubblico, l'Oratorio piega per 1-0 la capolista Senise grazie ad un diagonale di Acquaviva e si porta a soli tre punti dalla vetta della classifica a quattro giornate dalla fine. Ancora una volta però arriva la doccia fredda per i marateoti, che la domenica seguente cadono a Moliterno e salutano così il treno delle contendenti alla vittoria. Nonostante ciò, il quinto posto non può che essere accolto come un buonissimo risultato per una squadra nata solo due anni prima e alla prima esperienza in Seconda Categoria, ma c'è anche e soprattutto un altro obiettivo che è stato pienamente raggiunto: ricreare entusiasmo, riportare i marateoti allo stadio.

Ai blocchi di partenza della stagione 2008-09, nuovamente in Seconda Categoria, l'Oratorio si presenta come una delle favorite per la vittoria finale e conferma subito le aspettative battagliando fin da subito per le posizioni di testa. La squadra si è rinforzata con l'innesto in porta del giovane Pierpaolo Pretelli, figlio del Bruno attaccante del Maratea d'inizio anni '80, e a centrocampo di Vincenzo Campagna e Nicola Panaino, ex Turrita Maratea e figlio del grande difensore granata degli anni '70 Antonio, mentre in difesa si fanno spazio Gianfilippo Chiappetta, Peter Sacco, che vivrà una stagione da urlo mettendo a segno la bellezza di 5 gol, e un altro figlio d'arte, Davide Castaldo, figlio di Aldo, uno dei più forti attaccanti della storia marateota. In attacco Di Puglia e Acquaviva sono inarrestabili e l'Oratorio di Magnabosco macina vittorie su vittorie anche quando si trova a dover fare a meno del suo pubblico, visto che le tribune dello stadio Europa vengono chiuse dalle autorità competenti dopo gli scontri avvenuti durante la partita col Sarconi. Il 15 febbraio l'Oratorio è a tre punti dalla vetta della classifica e ospita la capolista Fortitudo Moliterno. È una giornata caratterizzata da un fortissimo vento che spazza lo stadio Europa, come spesso avviene nei mesi invernali, ed è proprio il vento a risultare decisivo al 15′ quando un lunghissimo rinvio di Pretelli riceve una bella spinta dalla Tramontana e va a rimbalzare giusto di fronte al portiere ospite Cantisani, scavalcandolo e finendo in rete. Fra l'incredulità generale Pretelli diventa il secondo portiere nella storia del calcio marateota a segnare un gol, il primo a farlo dalla propria porta poiché il predecessore Priore aveva segnato sugli sviluppi di un corner dopo essere salito nell'area avversaria in un Lauria-Maratea 1-1 del '92-93. L'Oratorio mette alle corde la capolista, centra un palo con Castaldo e poi trova il definitivo 2-0 con Di Puglia, agganciando la Fortitudo in testa alla classifica. Sette giorni dopo i marateoti, rinforzatisi con l'arrivo del rumeno Cristian Matache, legittimano il primato con un 4-1 al Castelluccio firmato da P. Sacco, V. Maimone e da una doppietta di mister Magnabosco. Il 15 marzo, in uno stadio Europa finalmente riaperto al pubblico, l'Oratorio stende per 4-0 la quarta in classifica Castelsaraceno e approfittando della contemporanea sconfitta della Fortitudo Moliterno in casa col San Martino d'Agri diventa primatista solitario in classifica. Mancano cinque giornate alla fine e la vittoria finale sembra davvero possibile, soprattutto considerando che dal 21 dicembre la squadra ha ottenuto solo vittorie, ma c'è un ultimo scoglio da superare ancora, la sfida in casa del Real Grumento terzo in classifica. Ed è proprio su questo scoglio che va a naufragare la nave dei sogni dell'Oratorio, che alla terz'ultima giornata viene sconfitto per 3-2. La Fortitudo Moliterno riaggancia i marateoti e ha la differenza reti nettamente a favore. Per vincere il campionato l'Oratorio deve vincere le ultime due partite e sperare in un passo falso della Fortitudo, che però non arriva, anzi, è nuovamente la squadra marateota a compierne uno, perdendo l'ultima giornata a San Martino d'Agri e scivolando così al terzo posto in classifica. L'amarezza in riva al Tirreno è enorme. L'anno successivo vedrebbe l'Oratorio come favorita d'obbligo, visto che Fortitudo Moliterno e Real Grumento sono salite in Prima Categoria, ma la squadra ha perso gran parte dei suoi elementi di spicco e anche il suo fortino, perché lo stadio Europa viene chiuso per l'avvio dei lavori di ammodernamento che prevedono fra le altre cose l'installazione di un manto erboso sintetico. Costretto a giocare a Trecchina, con un seguito di pubblico in drastico calo, l'Oratorio inizia la nuova stagione con risultati altalenanti, poi crolla definitivamente nel girone di ritorno, concludendo in zona play-out. La finale per la permanenza nella Seconda Categoria vede l'Oratorio sconfitto e retrocesso in Terza, ma non vi giocherà, perché la squadra chiude i battenti nell'estate del 2010. Per la quarta volta in poco più di dieci anni le lancette dell'orologio della storia del calcio marateota vengono fermate. L'avventura dell'Oratorio Lentini ha illuminato i cuori degli sportivi marateoti con una luce radiosa ma di breve durata, proprio come quella di una meteora.

18.
Rinascita

C'è silenzio nell'aria, rotto solo dal fischiare del vento che come sempre spira dalla Colla. Qualche foglia, sospinta dalla Tramontana, prende a rotolare sul nuovo manto erboso sintetico come se fosse un pallone, accarezzando delicatamente gli steli artificiali perfettamente livellati e mai calpestati da nessuno. Gli arredi degli spogliatoi giacciono abbandonati nel parcheggio. All'interno di essi, nel corridoio, una vecchia placca dorata con su scritto, a lettere rosse sbiadite, *S.C. MARATEA - SALA MASSAGGI* ricorda i bei tempi che furono. Questo è lo stadio Europa nel 2011: un'atmosfera di decadenza e abbandono di quelle che oggi farebbero gola agli *youtubers* che si recano di proposito a girare *reportage* nei luoghi dismessi e dimenticati, oppure come quella del parco acquatico abbandonato in Algarve, Portogallo, dove il DJ Robin Schulz sceglie di ambientare il video di *Headlights,* disco di platino dell'estate 2015. Un barlume di speranza è dato dal manto erboso sintetico, una meraviglia di ultima generazione posata nell'estate 2010 ma che per una svista progettuale si rivela troppo corto rispetto alle misure regolamentari, condannando lo stadio Europa ad una forzata inattività in attesa di un lavoro di completamento.

A spingere per una veloce risoluzione del problema potrebbe essere la dirigenza della squadra che in quello stadio dovrebbe giocarci, ma non c'è, non c'è perché non c'è proprio una squadra di calcio a Maratea da quando l'Oratorio Lentini ha mestamente chiuso i battenti.

Il centro di gravità del tifo di Maratea nel frattempo si è spostato a Fiumicello, al campetto del ristorante Litrico's. Sì, perché a mantenere viva la passione dei calciofili ci sta pensando un altro pallone, più piccolo e a rimbalzo controllato, quello del calcetto.

Da qualche anno infatti in Basilicata è letteralmente esplosa la mania del calcio a 5, o *futsal* come dicono quelli bravi. A far sognare i marateoti è il Real Maratea che nel 2010-11, con una cavalcata magistrale a suon di vittorie, si aggiudica il girone B del campionato regionale di Serie C2. Non solo, come nella migliore tradizione dello sport marateota sono nate anche altre due squadre, il Sanbrema Sporting Impresa (*SAN*ta Caterina, *BRE*faro, *MA*ssa, le tre frazioni montane rappresentate dalla squadra, un Oscar alla fantasia di chi l'ha pensato) e il Mojito Maratea. L'epopea del Real dura altri due anni, con un secondo posto in C1 l'anno successivo e poi addirittura con il trionfo nel massimo campionato regionale nel 2012-13, prima che l'euforia del successo si dissolva come una bolla di sapone di fronte all'atavico problema della mancanza di strutture e risorse adeguate ad un campionato interregionale, ma questa è un'altra storia.

Dunque, come detto, un campo di calcio ci sarebbe ma non è a norma e non c'è una squadra che possa sbloccare la cosa; o forse è l'opposto, non c'è una squadra perché non c'è un campo a norma, insomma è un circolo vizioso dal quale non sembra esserci scampo.

Se questa storia fosse un film, o un romanzo, magari una storia di supereroi o un thriller mozzafiato, questo sarebbe il momento perfetto per l'ingresso in scena del protagonista che salva la situazione. Questa storia non è né un film, né un romanzo, ma un protagonista che entra in scena c'è: Biagio Avigliano.

Figlio del grande Elio, classe '80, Biagio cresce con la maglia del Maratea come seconda pelle, compiendo tutta la trafila nelle giovanili fino all'arrivo in prima squadra a fine anni '90, quando metterà a referto una manciata di presenze in prima squadra. Negli anni 2000 matura la sua passione per il ruolo di allenatore e consegue l'apposito patentino. È nel contesto di decadenza e abbandono appena descritto che Avigliano fa il suo ingresso da protagonista sulla scena del calcio marateota: inizia tutto con un gruppo sul social network Facebook, *Per il ritorno dello Sport Club Maratea,* dove Biagio fa presente la sua volontà di ricreare una squadra marateota. Sembra una sfida quasi impossibile, ma giorno dopo giorno il progetto prende forma. Avigliano stringe un accordo con la società del già citato Sanbrema Sporting Impresa e nella primavera inoltrata del 2012 annuncia ufficialmente la nascita del Sanbrema Maratea Calcio. Una serie di raduni e allenamenti estivi al campo di Acquafredda permette ad Avigliano di comporre la rosa della squadra, suddivisibile sostanzialmente in due grandi blocchi: i veterani, già facenti parte dell'Oratorio Lentini, e i debuttanti, una nutrita schiera di ragazzi classe '95 e '96 che fa subito capire quanto il progetto sia a lungo termine. Colore sociale, naturalmente, il granata. E lo stadio? La situazione si è finalmente sbloccata, il manto erboso è stato esteso fino alla pista d'atletica come da regolamento, gli spogliatoi sono stati interamente restaurati, ma come noto la burocrazia in Italia ha tempi biblici e l'omologazione ancora non arriva, dunque si gioca a Sapri, la domenica mattina alle 11:00.

Il 9 dicembre 2012 il Sanbrema Maratea debutta ufficialmente nel campionato di Terza Categoria lucana scendendo in campo a Marconia: all'iniziale vantaggio dei padroni di casa risponde Giuseppe Maimone, che bagna così il suo esordio in granata dopo aver compiuto anch'egli tutta la trafila nelle giovanili al fianco del suo coetaneo Biagio Avigliano, prima di trasferirsi a Perugia. Per Maimone, centravanti implacabile e futura bandiera del Maratea, è il primo dei suoi 57 gol in granata.

Il 16 dicembre arriva il grande momento dell'esordio casalingo (si fa per dire, si gioca a Sapri). Contro l'ASI Potenza mister Avigliano manda in campo la seguente formazione: A. Napolitano; V. Maimone (67' M. Schettino), A. Viceconte, G. Maimone, V. Chiappetta (72' S. Limongi); B. De Luca (35' D. Schettino), R. Morena, N. Panaino; V. Acquaviva (72' G. Martino), G. Polisciano (60' G. De Filippo), L. Cesarino.

Apre le danze Polisciano al 39' con un pallonetto da fuori area, raddoppia Morena al 61' con un siluro su punizione da 30 metri e fa tris Cesarino al 72' con una conclusione a fil di palo. Il gol ospite di Ma. Garramone non cambia la sostanza, è un trionfo per i granata.

Del torneo 2012-13, concluso a metà classifica, tre sono le immagini che resteranno indelebili nel cuore dei tifosi granata: il gol in rovesciata di Giuseppe Maimone al Garaguso, il rocambolesco 4-3 in rimonta al Marconia dopo l'iniziale svantaggio di due gol, firmato da Viceconte, Morena, G. Maimone e M. Schettino con una memorabile girata al volo all'80' e il 2-2 d'orgoglio con la lanciatissima capolista Senise, con apice di emozioni nel rigore parato da Napolitano.

Per ovvie fisiologiche ragioni l'obiettivo della stagione di debutto del Sanbrema Maratea non poteva essere un campionato di vertice, ma quello di porre le basi per un futuro da squadra solida e competitiva e gli anni successivi diranno che è stato pienamente raggiunto. Le lancette dell'orologio della storia del calcio marateota hanno ricominciato a girare…

19.
Maratea is back

L'8 giugno 2013 un pallone torna finalmente a rimbalzare sul terreno dello stadio Europa. È il grande giorno dell'inaugurazione, dopo quattro interminabili anni dall'inizio dei lavori. L'evento è in grande stile, con una parata di sbandieratori a precedere una partita tra la Nazionale Italiana Attori 1971 e le vecchie glorie del Maratea. Numerosissimi gli spettatori, con i *teenagers* in visibilio per gli attori Andres Gil e Andrea Montovoli. Alla cronaca viene consegnato un 7-3 per la Nazionale, ma la gloria è tutta per Biagio Trotta, ex ala del Maratea negli anni '60, che a 70 anni si toglie la soddisfazione di segnare un gol che scatena il tripudio generale. Di seguito il tabellino della gara:

MARATEA OVER 40: M. Spagnuolo, M. Boschetti, B. Trotta, D. Muratore, G. Carluccio, D. Formica, G. Asaro, P. Capobianco, B. Nicolao, G.

De Filippo, G. Accardi, E. Polisciano, B. Benvenuto, M. Giffuni, G. Dolce, G. Accardi, R. Ferrulli, S. Propato, D. Ferrara, V. Berardi, G. Annuzzi. All. D. Formica. Dir. M. Montesano.

NAZIONALE ATTORI: F. Rocca, D. Brugia, V. Messina, E. Propizio, A. Montovoli, A. Tallura, R. Sardonè, F. Giuffrida, P. Stellaccio, F. Oppini, S. Masciolini, D. Fortunato, G. Amato, S. Mecucci, E. Siravo, F. Romondini, S. Simeoli, A. Gil. All. Marchiese. Dir. Lozzi.

ARBITRO: Pavone, assistenti Favale e Rizzi.

RETI: 5′ e 50′ Montovoli, 10′ e 22′ Propizio, 26′ Capobianco, 39′, 71′ e 87′ Gil, 41′ Nicolao, 44′ Trotta.

Biagio Avigliano, felice di avere finalmente a disposizione lo stadio Europa, continua intanto a lavorare senza sosta e nell'estate 2013 annuncia ufficialmente il cambio di società per il Maratea Calcio: dal gruppo Sanbrema si passa all'FC Maratea, presieduta da Anna Montesano, società nata nel 2004 e incentrata sul calcio giovanile, dove per un decennio si è fatta onore nei campionati allievi e juniores oltre che come scuola calcio.

Proprio dal sempre valido settore giovanile marateota provengono quelli che sono i due super colpi del mercato estivo, l'ala sinistra Francesco Di Puglia, che dopo aver assaggiato il calcio dei grandi in Eccellenza con il Cogliandrino-Maratea era stato il trascinatore dell'Oratorio Lentini prima di dedicarsi al futsal e di vincere due campionati con il Real Maratea, e Federico Morena, difensore di grande duttilità, tecnica e potenza atletica con trascorsi anche nelle giovanili della Nuova Maratea Calcio.

La preparazione estiva vede l'FC Maratea ben figurare nei test contro avversarie di categoria superiore e l'esordio nel girone C di Terza Categoria conferma le buone sensazioni, con i granata che si impongono per 3-2 a Calvello grazie alle reti di Giacomo Polisciano, del debuttante Roberto Maestri, figlio d'arte del grande stopper Ettore, e del rientrante Biagio *Jolly* Bocchino, uno dei ragazzi che nel '97 si erano trovati da un giorno all'altro ad essere titolari di una Turrita Maratea sull'orlo del baratro.

Il ritorno del Maratea allo stadio Europa per una gara ufficiale, la prima dall'aprile 2009, avviene il 24 novembre 2013 contro l'Atletico Marconia ed è un vero e proprio thriller psicologico. Ad aprire le danze è Di Puglia, il più atteso, e la partita sembra mettersi subito sui binari giusti, ma il Marconia riesce a trovare il pareggio con Laviola. Pazienza, ci si dice in tribuna, è solo questione di tempo per il 2-1, perché il Maratea in campo appare decisamente più in palla degli ospiti, soprattutto Federico Morena che, schierato quinto di centrocampo a sinistra, ara senza sosta la sua fascia. È proprio durante una di queste discese che Morena va a contrasto con un avversario e il suo ginocchio fa *crac*. Di colpo l'intero stadio piomba in un silenzio cupo, tetro, perché si capisce subito che l'infortunio è serio. Compagni e avversari si radunano intorno a Morena, rimasto a terra dolorante, prima che il personale sanitario arrivi con la barella e lo porti via in ambulanza. Il contraccolpo psicologico per i marateoti c'è, l'intensità della gara cala, poi con un lampo Armando Salerni, un altro dei nuovi arrivati e che diverrà un preziosissimo uomo squadra nelle stagioni a venire, si libera in area di rigore e serve rasoterra in orizzontale l'accorrente Maestri, che insacca. Boato di gioia dei tifosi, Maestri corre quasi incredulo verso la tribuna, ma di colpo l'attenzione dei tifosi viene rapita da quanto sta accadendo in campo, dove l'arbitro Ielpo viene aggredito da qualche membro della panchina ospite e fischia in anticipo la fine del match. È il caos. Per lunghi minuti in campo si discute, più o meno animatamente, poi improvvisamente il direttore di gara torna sui suoi passi e comanda la ripresa del gioco con un calcio di punizione indiretto per il Marconia, annullando il gol di Maestri per fuorigioco. Il fantasista marateota, che era dietro a Salerni al momento del passaggio e dunque clamorosamente in posizione regolare, è allibito, così come tutto il Maratea, ma bisogna giocare perché manca solo una manciata di minuti alla fine. È l'ultimo minuto, c'è una punizione dalla trequarti destra per il Maratea, vanno tutti dentro a saltare. Remo Morena crossa tagliato e a svettare su tutti è la testa di Vincenzo Acquaviva, un altro ragazzo di Maratea che ha fatto tutta la trafila delle giovanili e che è stato una delle colonne portanti dell'Oratorio Lentini. La palla, spizzata da Acquaviva, finisce in fondo alla rete. È 2-1 per il Maratea, all'ultimo respiro. Giusto così.

Il campionato 2013-14 per il Maratea è un viaggio a vele spiegate verso il successo, la squadra è nettamente la più forte e il 21 marzo, all'ultima giornata, la classifica vede i tirrenici primi con ben 6 punti di vantaggio sull'Atletico Calvello.

Maratea is back. A 28 anni di distanza dall'ultima volta la squadra di Maratea torna a vincere un campionato. È il coronamento di un sogno per Biagio Avigliano, che nel giro di tre anni ha ridato una squadra di calcio a Maratea e l'ha portata a vincere. O per meglio dire, è il coronamento della prima parte del sogno, perché all'orizzonte già si profila la nuova sfida, la Seconda Categoria.

20.
Tutti vogliono viaggiare in Prima...

Wave after wave, wave after wave, (onda dopo onda, onda dopo onda) ripete il ritornello di *Waves* di Mr. Probz, una delle hit dell'estate 2014. Onda dopo onda, passo dopo passo, è proprio il modo in cui l'FC Maratea di Biagio Avigliano si appresta a vivere il suo primo campionato di Seconda Categoria. L'obiettivo è innanzitutto di salvarsi e disputare un campionato dignitoso, poi si vedrà strada facendo, onda dopo onda appunto. La squadra vede la conferma delle colonne portanti della stagione precedente e si arricchisce con la promozione in prima squadra di un nutrito gruppo di giovani marateoti provenienti dalla squadra allievi che, guidata da mister Raniero Calliari, ha stradominato il campionato di categoria nella stagione 2013-14. In particolare passano fra i grandi il portiere Enrico De Filippo, i difensori Boris Maimone, Umberto Annuzzo e Rodolfo

Napoli e i centrocampisti offensivi Lorenzo Licasale e Francesco Graziano. Altri due ragazzi di Maratea che si aggiungono alla squadra sono Pierpaolo Brando e Giovanni Limongi, nipote dell'omonimo grande terzino dei granata degli anni '60. Il mercato esterno porta invece agli acquisti di due centrocampisti di Nemoli, Francesco La Banca e Vincenzo Lattuga, e dell'attaccante Carmine Cantisani.

La gara d'esordio vede i granata ottenere un buon 2-2 a San Chirico Raparo, con i gol di Cantisani e Di Puglia, mentre all'esordio casalingo i tirrenici offrono ai numerosi tifosi accorsi allo stadio una prestazione strepitosa che vale il 4-0 all'ACS di Sant'Arcangelo, con tripletta di uno scatenato Di Puglia e gol nel finale di Cantisani. Nelle successive due trasferte il Maratea ottiene una sconfitta e una vittoria, presentandosi così allo scontro diretto casalingo con la capolista Astra Tramutola con un distacco di tre punti e con la possibilità, vincendo, di appaiarla. Mister Avigliano sorprende però tutti panchinando gli attaccanti titolari G. Maimone e Di Puglia e schierando dal primo minuto Cantisani e Biagio *Jolly*. Di Puglia mal digerisce la decisione e si fa espellere dalla panchina ancor prima del calcio d'inizio, poi una dormita della difesa manda in gol il terzino sinistro del Tramutola. Mister Avigliano manda in campo G. Maimone per la ripresa e il Maratea si sveglia: arriva subito il pareggio con Cantisani che lavora uno splendido pallone che G. Maimone mette in rete, poi è un bel cross di Maestri ad essere incornato splendidamente ancora da G. Maimone per il gol del 2-1. I tifosi esplodono di gioia e Maimone si esibisce in un'esultanza a dir poco polemica, togliendosi la maglia e mostrando al pubblico il numero 16, da panchinaro, accompagnandolo con eloquenti gesti della mano come a chiedere il senso di quell'esclusione. L'Astra però reagisce e nel finale trova il 2-2 su rigore. Le polemiche in casa granata e tra i tifosi esplodono più forti che mai. Che Maratea sia una piazza complicata da gestire è noto e mister Avigliano lo sa benissimo, ma la situazione sembra davvero complicata. Con l'ambiente destabilizzato il Maratea pareggia 1-1 a Colobraro grazie ad un gol fortunoso di G. Maimone nel finale, poi il 7 dicembre arriva un pesante tonfo in casa contro la Proloco Spinoso, che supera i granata all'88' dopo che all'80' Cantisani era riuscito a segnare il gol del 2-2. I tirrenici scivolano al settimo posto in classifica a -8 dalla capolista Viggianello e la brutta prestazione con lo Spinoso acuisce i malumori di squadra e tifoseria, ma Biagio Avigliano ha il grande merito di rimanere lucido e di non perdere la bussola, mantenendo sempre ben presente l'obiettivo iniziale e che la sconfitta è parte integrante se non fondamentale del processo di crescita di una squadra. L'allenatore marateota continua a lavorare a testa bassa e i frutti iniziano ad arrivare dalla giornata successiva, quando i granata vincono 2-0 ad Episcopia con doppietta di Cantisani. Trovata la quadra tattica con il tridente Cantisani-G. Maimone-Di Puglia il Maratea inizia a prendere ritmo e piazza altre due vittorie sempre trascinata da uno straripante Cantisani. Mister Avigliano si attiva intanto sul mercato per la sessione invernale e porta a casa un colpo da novanta: Saverio Maimone, esterno sinistro prodotto del vivaio marateota e già affermatosi sull'importante palcoscenico di Picerno.

Il 18 gennaio 2015 è il giorno della verità, perché allo stadio Europa arriva la temibilissima capolista Viggianello, ma il Maratea in campo non ha alcun timore reverenziale e con una prestazione sontuosa vince 1-0 grazie a una rete del solito Cantisani. È la quarta vittoria consecutiva per i granata e la classifica ora dice Proloco Spinoso 25, Viggianello 23, Maratea e Astra Tramutola 21. Il girone di ritorno si preannuncia spettacolare e manterrà pienamente le attese.

Le critiche e i malumori di dicembre sono ormai un lontano ricordo per il Maratea che ora viaggia con il vento in poppa, con l'entusiasmo di squadra e tifosi che cresce sempre di più. Dopo quella col Viggianello i tirrenici inanellano altre quattro vittorie, per un totale di otto consecutive, e alla 15ª giornata il Maratea è in testa alla classifica con un punto sul Viggianello. A gettare acqua sul fuoco è però l'Astra Tramutola, che la domenica successiva rifila un pesante 5-2 a un Maratea fortemente rimaneggiato per le numerose assenze e che viene nuovamente superato dal Viggianello. Quando alla 18ª giornata il Maratea pareggia 2-2 a Spinoso, scivolando a -4 dal Viggianello e venendo superato dall'Astra Tramutola, la sensazione che i giochi siano ormai fatti inizia ad aleggiare nell'aria, ma i granata restano meritevolmente sul pezzo, confidando nel calendario che prevede Astra Tramutola-Viggianello alla penultima giornata e Viggianello-Maratea all'ultimo turno. Crederci fino alla fine anche quando sembra tutto perduto è un pregio che contraddistingue i più forti e il Maratea del 2014-15 lo incarna alla perfezione.

La volata finale viene lanciata con la quart'ultima giornata, nella quale il Viggianello vince 3-2 a San Chirico Raparo, il Maratea dilaga 6-1 sull'Episcopia (doppietta Di Puglia, Cantisani, G. Maimone, Cesarino e La Banca) e l'Astra Tramutola viene fermato a sorpresa in casa dal Gallicchio sul 2-2. La classifica dice Viggianello 44, Maratea 40, Astra Tramutola 38. Tutto invariato nella terz'ultima giornata, vincono tutte e tre le contendenti al successo finale. Come da previsione, saranno decisivi gli scontri diretti delle ultime due giornate.

Al penultimo turno la tensione si taglia con il coltello. Il Maratea affronta in casa l'Hellas Latronico e lo supera agevolmente con un 5-2 firmato da G. Maimone e da una quaterna di Di Puglia, ma l'attenzione è rivolta anche a quello che succede a Tramutola, dove i tirrenici devono sperare che i padroni di casa battano il Viggianello per potersi giocare il successo finale all'ultimo turno. Quando l'arbitro fischia la fine di Maratea-Hellas Latronico i giocatori sembrano quasi non curarsi della sonante vittoria, ma si precipitano tutti negli spogliatoi per cercare coi propri telefoni notizie sull'esito del match di Tramutola e un boato scuote lo stadio, perché l'Astra ha sconfitto per 2-0 la capolista. La carica dei marateoti è immensa, data dalla consapevolezza di avere davanti una settimana da affrontare nel migliore dei modi per prepararsi allo scontro finale in cui il destino sarà tutto nelle loro mani. Battere il Viggianello nel suo stadio vorrebbe dire aggiudicarsi il campionato. La settimana tra il 12 e il 19 aprile 2015 fa vibrare di passione tutta Maratea: mentre i giocatori si allenano col massimo della determinazione un intero paese si mobilita per supportare la squadra. Sciarpe, striscioni, ornamenti granata, i tifosi realizzano di tutto. A quasi vent'anni dall'ultima volta il tifo marateota torna ad organizzarsi. Macchine, pullman, ogni mezzo viene predisposto per andare a sostenere la squadra a Viggianello. *Tutti vogliono viaggiare in prima* di Luciano Ligabue è il tormentone di questa indimenticabile settimana marateota, con chiaro riferimento alla Prima Categoria che il Maratea raggiungerebbe in caso di vittoria, #tuttiaviggianello è l'hashtag che impazza sui social, rilanciato non solo da chi vive a Maratea ma anche dai tanti marateoti fuorisede.

Il 19 aprile è il grande giorno. Il Maratea parte la mattina presto e prima della gara pranza in un ristorante non lontano dal campo dove si giocherà la gara. Alla fine del pranzo, con i giocatori ancora seduti ai tavoli, mister Biagio Avigliano li coglie di sorpresa tenendo lì il discorso motivazionale pre-partita che infiamma i cuori di tutta la squadra. Il silenzio assoluto con il quale la squadra si mette in viaggio verso lo stadio Aldo Moro di Viggianello è surreale. È un silenzio che si può trovare solo nello spazio, nel deserto, o in quei luoghi ove non vi sono forme di vita. Nel pullman del Maratea invece di vita ce n'è eccome, ma nessuno fiata fino all'arrivo allo stadio. La concentrazione è al massimo.

Quando il Maratea arriva allo stadio Aldo Moro metà della tribuna è, com'è ovvio che sia, gialloverde, ma l'altra metà, inizialmente vuota, viene presto invasa da una marea di tifosi granata.

È un'iniezione di carica senza eguali. I tirrenici vanno in campo con un proposito ben chiaro in mente: al fischio d'inizio, scatenate l'inferno.

Biagio Avigliano sa che il Maratea può solo vincere e schiera una formazione super offensiva: Fortunato fra i pali, difesa a tre con F. Annuzzo, Viceconte e Agrelli, centrocampo con Maestri, B. Maimone, La Banca e S. Maimone e tridente Cantisani, G. Maimone e Di Puglia.

La gara nel primo tempo è piuttosto bloccata, è più il Viggianello a fare la partita per cercare il gol che ipotecherebbe il campionato avendo a disposizione due risultati su tre, ma il Maratea è solidissimo in difesa e quando riparte mette i brividi ai padroni di casa come al 40', quando un tiro a giro di Cantisani esce di un nulla alla sinistra di Simonetti, portiere gialloverde. All'inizio della ripresa il Viggianello ha l'occasione più grande: tiro di Olivieri, parata di Fortunato, arriva Dulcetti per il tap-in ma colpisce male e prende la traversa. Al 65' le cose si mettono malissimo per il Maratea con il secondo giallo ad Agrelli. Sembra la pietra tombale per le speranze granata, invece è proprio da questo momento che la partita cambia faccia. Nils Liedholm diceva che in dieci si gioca meglio e per l'ennesima volta i fatti gli danno ragione. Forse sbloccato dal pensiero di non aver nulla da perdere il Maratea si fa avanti con sempre maggiore convinzione mentre al Viggianello sembra essersi accesa la spia della riserva. Al 70′ Cantisani salta il suo marcatore e si presenta a tu per tu con Simonetti, che è bravo a deviare in angolo il tiro dell'attaccante granata. Al 73′, su un corner per il Maratea, F. Annuzzo sceglie alla perfezione il tempo per lo stacco, colpisce di testa e… centra il palo a portiere battuto. Buona parte dei tifosi granata aveva già gridato al gol. All'80′ il Viggianello ha la palla per chiudere la partita con Manieri, che però spara addosso a Fortunato. Biagio Avigliano a questo punto si gioca il tutto per tutto e dopo aver sostituito Maestri con Acquaviva ad inizio ripresa manda ora in campo l'attaccante Cesarino per B. Maimone che era scalato in difesa. I tirrenici hanno in campo addirittura cinque attaccanti e la difesa è affidata ai soli Viceconte e F. Annuzzo. Ed è proprio *The Wall* Annuzzo a tenere vive le speranze del Maratea con una chiusura mostruosa in uno contro uno, spazzando via la palla in acrobazia. All'87′ il Maratea prova ancora l'offensiva con una palla lanciata in avanti per la corsa di Cesarino, che viene però anticipato di testa da un difensore gialloverde che respinge il pallone sulla trequarti, proprio dove sta arrivando in corsa Giuseppe Maimone. Il centravanti granata chiama a raccolta tutte le forze rimaste, calcia come meglio può verso la porta e… Accade.

GOL! GOOOL! GOOOOOOOOOL!!! Deviato da un difensore, il tiro di Maimone ha cambiato traiettoria cogliendo in controtempo Simonetti e lemme lemme si è insaccato in rete. Viene giù tutto, giocatori e tifosi granata sono in delirio, ma ci sono ancora tre minuti e il Maratea deve difendere il vantaggio da un Viggianello che per quanto scosso ha comunque un uomo in più. Anzi, ne ha due in più, perché poco dopo la ripresa del gioco anche Saverio Maimone viene espulso dall'arbitro. Bisogna resistere in nove contro undici, con cinque attaccanti in campo. Biagio Avigliano richiama in panchina G. Maimone che ha ormai crampi a qualsiasi muscolo e inserisce un difensore, Umberto Annuzzo. Umberto, che ha compiuto 16 anni a dicembre, è talmente emozionato da non riuscire quasi ad allacciarsi le scarpe, ma va in campo e fa il suo dovere. Eroicamente il Maratea resiste, finché il triplice fischio dell'arbitro scatena la festa granata. Biagio Avigliano, impazzito di gioia, sale sulla rete del campo per avvicinarsi ai tifosi, proprio come fece suo padre Elio 29 anni prima dopo la vittoria col Pro Matera. Ed Elio è proprio lì in tribuna, di fronte a suo figlio, attorniato proprio da quei tifosi che nell'86, da ragazzini, erano allo stadio Europa ad esultare per i gol di Melfi e Manfellotto e ora sono lì a gioire per la vittoria del campionato. Ed è questa probabilmente la più grande vittoria di Biagio Avigliano e di questo FC Maratea, aver riacceso nei marateoti un amore per il calcio che da molto, troppo tempo sembrava ormai svanito.

Tante sono state le grandi vittorie del Maratea nei suoi 90 anni di storia, alcune anche più prestigiose rispetto a questa, ma per com'è arrivata, per il contesto, per quella che è stato l'andamento della stagione e per ciò che ha rappresentato per un paese intero non c'è alcun dubbio nell'affermare che la più emozionante vittoria nella storia del Maratea Calcio sia quella arrivata il 19 aprile 2015, in un pomeriggio di ordinaria follia, allo stadio Aldo Moro di Viggianello.

21.
Arrivi e partenze

Con ancora nel cuore l'emozione per il trionfo di Viggianello nell'estate 2015 la società dell'FC Maratea, presieduta da Anna Montesano, si mette al lavoro per costruire la squadra che affronterà la Prima Categoria, il livello più alto raggiunto dal Maratea dal 1998. Mister Biagio Avigliano è in prima linea nell'attività sul mercato e la campagna acquisti è faraonica, con acquisti di grande livello. Dalla Soccer Lagonegro arrivano infatti il portiere Rosario Vigorito, già noto al pubblico marateota per le sue grandi prestazioni nei tornei estivi in riva al Tirreno, e Antonio Verbena, il gran capitano della promozione dei rossoneri in Eccellenza. In attacco il Maratea perde Di Puglia ma arriva il trequartista Alessandro Cozzi, giocatore di tecnica sopraffina già tra i trascinatori del Real Maratea di calcio a 5. Tanti sono anche gli innesti marateoti, come il versatile Federico Sarsale, l'esterno di grande potenza atletica Andrea Formica, il suo guizzante fratello Marco e il metronomo di centrocampo Remo Morena che torna alla base dopo un anno di assenza. A stagione iniziata tornerà in granata anche il fratello di Remo, Federico, pronto a fare la differenza dopo la sfortunata stagione 2013-14 con il grave infortunio alla seconda giornata. Proprio per un infortunio si ferma invece il leader dell'attacco Giuseppe Maimone, costretto a saltare quasi tutta la stagione per un'operazione alla schiena a causa di un'ernia.

Come per la stagione precedente, l'obiettivo del Maratea è quello di raggiungere per prima cosa la salvezza e di ben figurare, vedendo poi strada facendo quali saranno i possibili traguardi. La Prima Categoria è un campionato di livello decisamente superiore alla Seconda e l'adattamento non può essere immediato per i tirrenici, che debuttano con una sconfitta per 2-0 ad Anzi, ma alla seconda giornata, all'esordio casalingo, arriva il primo successo con un 2-1 sul Castronuovo firmato da Sarsale e da Salerni, che al terzo anno in granata trova con immensa emozione il suo primo gol col Maratea in gare ufficiali. È un Maratea a due facce quello della prima parte di stagione, vince in casa e perde in trasferta, ma ai primi di novembre, in occasione del previsto turno di riposo della 6ª giornata, arriva una notizia clamorosa che coglie tutti di sorpresa: Biagio Avigliano annuncia le sue dimissioni da allenatore del Maratea. Da ogni parte giungono messaggi di supporto e incoraggiamento all'uomo che ha fatto risorgere il Maratea, ma dopo alcuni giorni di silenzio Avigliano prende la parola e tramite Facebook rende noto al pubblico come la sua decisione sia conseguenza della mancanza di sostegno concreto da parte dei marateoti alla società e della stanchezza di dover portare la croce praticamente da solo. Il gesto eclatante smuove le acque al punto che Avigliano ritira le dimissioni e torna alla guida della squadra, mentre il tanto sospirato aiuto arriva alla società con l'ingresso di nuove figure come gli imprenditori marateoti Vincenzo Panza, ex portiere dei granata, e Biagio Velardi, già dirigente negli anni '90 durante le presidenze di Maimone e Vitolo. Con Avigliano tornato alla guida il Maratea coglie un grande successo per 4-2 in casa contro la Libertas Montescaglioso, con doppietta di Cantisani, reti di S. Maimone e A. Formica e un rigore parato da Vigorito, ma è un fuoco di paglia perché nelle due gare successive arrivano due sconfitte, tra cui la prima in casa, col Castelluccio, a un anno dall'ultimo stop casalingo. Anche il primo successo in trasferta della stagione, il 2-1 a Calvello firmato da S. Maimone e Cantisani, è un caso isolato, perché la situazione appare decisamente complicata in casa granata. Si avverte chiaramente anche da fuori che malumori e dissidi interni minano la stabilità della squadra. Il mercato invernale porta due importanti innesti al Maratea, quello dell'esperto Giuseppe Ferrari e soprattutto quello di Antonio Falvella, leader dell'Astra Tramutola grande rivale dei granata nella stagione precedente e ultimo rampollo di una dinastia di stelle della formazione biancoazzurra, destinato a diventare capitano e icona del Maratea. Nell'immediato però, gli acquisti non cambiano la situazione difficile dei granata. Il 20 dicembre i tirrenici cadono clamorosamente sul campo del fanalino di coda F.lli Cafaro, che non aveva ancora vinto in campionato, poi il calendario riserva al Maratea due big match casalinghi con il Real Grumento, secondo, e con la capolista Anzi. Si spera in una reazione d'orgoglio dei granata, ma arrivano due sconfitte che portano a cinque il numero di partite perse nelle ultime sei gare. Con il Maratea crollato pericolosamente al terz'ultimo posto in classifica il 27 gennaio 2016 la dirigenza procede all'esonero di Biagio Avigliano. È la fine di un'era che, anche se durata solo tre stagioni e mezzo, è stata una delle più ricche di successi ed emozioni per i marateoti.

Sulla panchina granata arriva il tecnico delle giovanili, Raniero Calliari, che dopo un complicato esordio a Castronuovo (0-4) riporta il Maratea al successo con un bel 3-0 sul Viggiano firmato da Salerni e da una doppietta di La Banca. La squadra ritrova coesione e ottiene un buon pari per 1-1 a Sant'Arcangelo ancora con gol di La Banca, presentandosi con ritrovata verve all'attesissimo match della 18ª giornata in cui ospitano il Viggianello, che nella gara d'andata aveva battuto 1-0 i granata in casa, sul campo teatro del leggendario epilogo del campionato precedente. Lo stadio è gremito di tifosi desiderosi di vedere una bella prestazione contro la rivale gialloverde e i granata non tradiscono le attese. Cantisani indirizza subito la partita con una doppietta, poi il Maratea dilaga con il giovane Ferdinando Sisca, un'altra rete di Cantisani e il gol di Saverio Maimone a chiudere i giochi su un fantastico 5-0. La stagione è stata più all'insegna delle ombre che delle luci, ma la *manita* ai gialloverdi resterà impressa nella memoria dei tifosi. Con una serie di risultati utili mister Calliari porta la squadra fuori dalla zona pericolosa della classifica e a fine stagione la graduatoria vede il Maratea al nono posto. Tante cose sono cambiate da inizio anno, ma la salvezza è stata centrata e si può iniziare a programmare il futuro. Per la stagione 2016-17 la panchina viene affidata ad un grande del passato del Maratea, Andrea Forte, cresciuto nelle giovanili granata con Elio Avigliano a metà anni 90 e poi entrato da giovanissimo in prima squadra proprio con Avigliano e poi elemento di spicco delle squadre allenate da Ferrante e Savarese. Il tecnico di Praia viene tesserato anche come giocatore, pronto a scendere in campo qualora vi fosse bisogno, e si mette al lavoro insieme alla dirigenza, in particolare al ds Velardi, per allestire una formazione che sia in grado di disputare un campionato tranquillo e di togliersi qualche bella soddisfazione. La squadra viene profondamente rinnovata con diverse cessioni e molto nuovi innesti. Arrivano in granata i difensori Raffaele Oliva, Danilo Bianco e Stefano Fiore, i centrocampisti Claudio Bianco, Luca Supino e Rosario Colombo e gli attaccanti Marco De Siervi, Nicola Falabella e Vincenzo Castiglia. Inizialmente ceduto al Viggianello, dopo poche partite torna in granata anche il bomber Carmine Cantisani, che va a puntellare un attacco stellare dove è rientrato anche Giuseppe Maimone che ha pienamente recuperato dall'operazione alla schiena.

L'esordio in campionato vede il Maratea sconfitto per 1-0 a Calvello, ma nelle giornate successive i granata ottengono una serie di vittorie che li portano addirittura in vetta alla classifica alla 7ª giornata, prima della sconfitta nello scontro diretto in casa del Castronuovo che proietta quest'ultima in vetta e fa scendere il Maratea al terzo posto. Col passare delle giornate si capisce che la partenza a razzo dei tirrenici non è stata un caso e che la rosa è davvero competitiva. Con la concreta possibilità di lottare quantomeno per i play-off per la promozione il ds Velardi nella sessione invernale del mercato si muove per rinforzare ulteriormente la squadra, riportando a Maratea il fenomenale Paolo Laino, centrocampista marateota in forza al Lagonegro in Eccellenza. Laino, che dopo alcune stagioni nelle giovanili dell'FC Maratea aveva sempre giocato nei paesi del circondario, indossa così per la prima volta la maglia della prima squadra della sua città, di cui diverrà un'icona indiscussa. Laino va subito in gol nel 3-1 che i tirrenici rifilano alla rivale Viggianello nell'ultima gara del girone d'andata (oltre a Laino reti di Falabella e Cantisani) e che rilancia ulteriormente la candidatura del Maratea per un girone di ritorno da protagonista. In effetti la compagine marateota il campionato 2016-17 potrebbe anche vincerlo, ma paga qualche passo falso di troppo in trasferta come la sconfitta per 1-0 sul campo del Tito, lo stesso che costò il titolo alla Turrita Maratea di Savarese nel '96-97, che taglia definitivamente fuori i tirrenici dalla corsa per il primo posto, già compromessa la settimana prima con la sconfitta in casa contro il Castronuovo secondo in classifica. Il Maratea si riprende nel finale di campionato e con prestazioni strepitose come l'8-0 allo Spinoso (tripletta di G. Maimone, doppietta di Di Puglia e gol di Laino, Falvella e Napoli) si guadagna il terzo posto finale e l'accesso ai play-off.

La prima gara degli spareggi promozione vede il Maratea affrontare il Castelluccio, già battuto entrambe volte per 3-0 durante il campionato, che viene superato per 3-1 con doppietta di Falabella e rete di De Siervi. I tirrenici si guadagnano dunque l'accesso alla finale con la Santarcangiolese e anche con lei il bilancio in campionato è favorevole (1-0 e 2-2), ma le finali sono sempre gare a sé e i giallorossi hanno il fattore campo: Di Sanza porta in vantaggio la Santarcangiolese già all'8', poi il Maratea trova il pari con De Siervi al 17', ma nella ripresa una gara molto equilibrata e bloccata viene risolta dal secondo gol di Di Sanza. Il Maratea si ferma così ad un passo dall'approdo in quella Promozione che manca dal 1998. A fine gara mister Forte saluta i giocatori, annunciando che non sarà l'allenatore granata nella stagione seguente. Il suo Maratea verrà ricordato come una squadra brillante, dal gioco spumeggiante (62 i gol segnati in 26 partite di campionato, play-off esclusi) ma anche dalla buona compattezza difensiva, con 30 reti subite e ben 10 gare senza prendere gol, record per l'FC Maratea.

22.
Young boys

È l'incertezza a regnare sovrana in casa FC Maratea tra la primavera e l'estate del 2017. La notizia shock della rinuncia del Castronuovo, vincitore del campionato di Prima Categoria appena conclusosi, ad iscriversi alla Promozione per la stagione 2017-18, apre a clamorose indiscrezioni che vorrebbero il Maratea in ballo per il ripescaggio nel torneo cadetto regionale. A caldeggiare la prospettiva di presentare domanda di ripescaggio è soprattutto il direttore sportivo granata Biagio Velardi, ma non c'è unanimità di pareri al riguardo all'interno della società e le divergenze portano, nel mese di luglio, alle dimissioni di Velardi. A inizio agosto la presidente Anna Montesano annuncia ufficialmente tramite il suo profilo Facebook che l'FC Maratea s'iscriverà al campionato di Prima Categoria con una rosa composta interamente dai ragazzi che tanto bene avevano fatto negli anni precedenti con la squadra giovanile di mister Calliari. Sul finire del mese di agosto è però la stessa presidente Montesano ad annunciare che per difficoltà tecnico-organizzative risulta impossibile arrivare pronti al 17 settembre, data d'inizio del campionato di Prima Categoria, e che quindi la società ha deciso con umiltà di fare un passo indietro e di iscriversi alla Seconda Categoria, il cui inizio è previsto per ottobre. È una scelta difficile e che fa molto discutere i marateoti, ma che di certo fa da spartiacque nella storia dell'FC Maratea.

C'è però un'altra novità che arriva in estate: Biagio Avigliano sarà l'allenatore del Nemoli, squadra che punta dichiaratamente a vincere la Seconda Categoria, e nella sua rosa saranno presenti diversi ex del Maratea come La Banca, Lattuga, Salerni e Di Puglia. Non appena viene reso noto il calendario della stagione i tifosi marateoti fanno immediatamente il cerchietto rosso all'11ª giornata, quella del derby Maratea-Nemoli in cui Biagio Avigliano tornerà allo stadio Europa ma in veste di avversario proprio come aveva fatto suo padre con il Lauria nella stagione 1991-92. Il 14 gennaio 2018 è il grande giorno. La tribuna coperta dello stadio Europa è gremita di spettatori accorsi per il derby nonostante il freddo e la pioggia torrenziale. Mister Viceconte schiera De Filippo tra i pali, C. Maimone, Lentini, Ienna e Annuzzo in difesa, M. Limongi, Carlomagno e A. Limongi a centrocampo e il debuttante trequartista Belvedere alle spalle di G. Maimone e Di Donna.

È il Nemoli a partire forte, motivato dalla possibilità di agganciare in caso di vittoria la seconda posizione in classifica, e al 5'è già 1-0 con una punizione dalla sinistra di Carrazzone che calcia direttamente in porta con una parabola che inganna e scavalca un De Filippo pronto ad uscire aspettandosi un cross. Si pensa che sia il preludio a una partita in discesa per il Nemoli, ma il Maratea col passare dei minuti sale di giri e sfiora il pareggio con Di Donna che dopo una grande ripartenza conclude di poco alto. Al 37' il Maratea conquista un calcio di punizione molto interessante dalla trequarti destra, la posizione ideale per un mancino per tirare in porta. Mister Viceconte dalla panchina incarica immediatamente Annuzzo della battuta. Terzino sinistro classe '98, Umberto Annuzzo non ha mai segnato né tantomeno calciato una punizione nei suoi quattro anni in granata, ma ha un piede molto educato e preciso che Viceconte ritiene ideale per calciare in porta da quella posizione. Concentratissimo, Annuzzo prende la rincorsa e disegna una meravigliosa parabola che va ad insaccarsi proprio all'incrocio dove il portiere ospite Tortorella non può mai arrivare. È l'1-1 e lo stadio esplode di gioia mentre tutti i ragazzi granata corrono ad abbracciare un incredulo Annuzzo. La ripresa vede il Maratea giocare alla grande. G. Maimone colpisce un palo con un tiro impossibile dalla linea di fondo, poi è strepitoso Tortorella ad opporsi al subentrato Nicolò Carlomagno. All'84' però arriva la clamorosa beffa per i tirrenici con un cross del Nemoli che viene involontariamente deviato di mano da Lentini e si va ad insaccare alle spalle di De Filippo, preso in controtempo dalla deviazione. Grande è la delusione dei marateoti, ma in campo c'è un ragazzino che il giorno prima ha compiuto 17 anni e che non ne vuole sapere di arrendersi nella gara del suo esordio in granata: si chiama Niccolò Belvedere ed è il figlio dell'ex centrocampista granata Biagio. Non appena il Maratea riprende il gioco Belvedere si fa dare la palla, parte da solo, arriva al limite dell'area e scocca un destro perfetto che gonfia la rete scatenando il delirio dei marateoti dentro e fuori dal campo. 2-2 è il risultato finale di un derby spettacolare e ricco di emozioni.

Il campionato dei granata prosegue con una serie di grandi prestazioni e soddisfazioni, come il clamoroso 10-0 rifilato al malcapitato Gallicchio grazie ai gol di Mirko Giffuni (tripletta), Maestri (doppietta), Graziano, Di Donna, Lentini, Antonio Limongi e Trombino e il sonante 7-0 con cui viene battuto lo Sporting Lucania (doppietta di Maestri e reti di Graziano, Belvedere, G. Maimone, Acquaviva e Mirko Giffuni). A fine stagione il Maratea dei giovani conquista un buonissimo quinto posto, ma c'è soprattutto la grande soddisfazione per squadra e società di aver disputato un campionato all'insegna del divertimento e dell'allegria, togliendosi belle soddisfazioni dal punto di vista sportivo e guadagnandosi anche l'affetto del sempre esigente pubblico marateota.

Per la stagione 2018-19 si prosegue con la stessa linea e la squadra viene sostanzialmente confermata in blocco, con in più i ritorni degli esperti Falvella, Sarsale e Di Puglia. Un problema che sorge però è il dover fare a meno dello stadio Europa, oggetto di lavori per l'installazione dell'impianto d'illuminazione e per la risistemazione del manto erboso sintetico. I granata traslocano dunque a Trecchina, dove disputano le gare casalinghe per l'intera stagione, lontani però dal calore del pubblico marateota. Dal punto di vista sportivo la stagione è avara di soddisfazioni, con 4 vittorie e 4 pareggi a fronte di 10 sconfitte, ma è un'altra stagione all'insegna del puro divertimento all'interno di un gruppo squadra che è come una grande famiglia. In fondo, come recita lo slogan che accompagna le partite di Serie A in quegli anni, il calcio è di chi lo ama.

A fine stagione, la presidente Anna Montesano annuncia la decisione di lasciare l'FC Maratea dopo ben undici anni trascorsi sul campo. Il suo impegno insieme a mister Raniero Calliari e allo staff dirigenziale è stato fondamentale per il calcio giovanile marateota.

23.

Maledetto CoViD

Il 12 luglio 2019, con un comunicato ufficiale sulla sua pagina Facebook, l'FC Maratea annuncia la composizione del nuovo direttivo. Ad essere eletto presidente è l'arch. Giacomo Ricciardi, grandissimo appassionato di calcio e super tifoso granata fin da bambino. Nel ruolo di direttore sportivo torna per la sua terza avventura in granata Biagio Velardi, mentre gli altri componenti della dirigenza sono Francesco Brando, vice-presidente, Nicola Melillo ed Enzo Noviello. Fa notizia il ritorno di Biagio Avigliano come allenatore, ma sono tanti i ritorni in granata in questa stagione. Per allestire la rosa si riannoda infatti il filo con gli anni della precedente avventura di Avigliano, riportando in squadra tanti dei protagonisti di quegli anni come Giuseppe Maimone, Andrea e Marco Formica, Federico Morena, Armando Salerni e Antonio Viceconte, che con il ritorno di Avigliano in panchina torna ad indossare le scarpette e scende in campo con la fascia da capitano. Il risultato è una rosa che rappresenta un giusto mix tra gli esperti senatori e i giovani talenti marateoti tempratisi nelle scorse due stagioni in prima squadra, fermo restando che però molti di loro sono costretti ad abbandonare Maratea e il calcio per andare a studiare all'università.

L'obiettivo, anche se non viene detto esplicitamente, è quello di giocarsi le proprie carte per provare a vincere il campionato o comunque ad ottenere la promozione in Prima Categoria. L'esordio, che segna anche il ritorno dei granata al rinnovato stadio Europa, è un roboante 6-1 al Nemoli (doppietta di G. Maimone, reti di A. Formica, F. Morena e Di Puglia e un autogol) che fa subito capire come il Maratea possa puntare in alto. Lo confermano le giornate successive, con i granata che ottengono un importantissimo 3-2 sul campo del forte Agromonte e un sonante 5-1 in casa sul San Martino d'Agri. All'improvviso però la marcia si ferma, con la sconfitta a Lagonegro (partita sospesa sull'1-0 per i valnocini e poi recuperata a partire dal momento dell'interruzione come da nuovo regolamento, con i rossoneri che trovano anche il gol del 2-0) e il pareggio per 2-2 a Casalbuono. Il 23 novembre va in scena una partita surreale con la Virtus Latronico, fanalino di coda in classifica. Un Maratea in formazione inedita per il turnover messo in atto da mister Avigliano va addirittura sotto per 4-2 nel primo tempo, poi nella ripresa l'ingresso di alcuni titolari fra cui uno scatenato F. Morena ribalta il punteggio addirittura sul 6-4 (doppiette di Falvella e F. Morena, reti di A. Formica, S. Formica), ma quello che renderà indimenticabile la partita è l'irreale azione del 35' quando, dopo una palla persa da Mirko Giffuni ed un lancio lungo degli ospiti, due lisci consecutivi di Ienna e Viceconte e un rimpallo sfavorevole al portiere Ielpo mettono l'attaccante ospite Nije da solo davanti alla porta sguarnita per un gol che sembra già fatto; Nije calcia ma un rimbalzo beffardo della palla al momento del tiro ne fa impennare la traiettoria fino a sbattere sulla traversa, tornando però precisamente dall'attaccante ospite, che prova il tap-in di testa ma spedisce il pallone oltre la traversa. Il video dell'azione farà letteralmente il giro del mondo, venendo condiviso dai principali media sportivi di ogni Paese e totalizzando milioni e milioni di visualizzazioni.

Nonostante la rocambolesca vittoria però il Maratea non scaccia via la crisi, anzi, nelle successive tre gare ottiene un solo punto, un pari in casa con l'ACS che riprende al 90' i tirrenici sul 3-3. Si vocifera di dissidi interni allo spogliatoio e a fine dicembre arriva la notizia che Biagio Avigliano non sarà più l'allenatore del Maratea. Al suo posto torna a ricoprire l'incarico Antonio Viceconte, che appende quindi le scarpette al chiodo e cede la fascia da capitano ad Antonio Falvella.

La dirigenza è attivissima sul mercato invernale e porta a Maratea due pedine fondamentali: il portiere Ruggiero Vaccaro, storico numero uno dell'Avigliano Calcio, e il rientrante Paolo Laino; a loro si aggiunge Giosuè D'Amore, prodotto del vivaio marateota con alle spalle addirittura un'esperienza in Spagna nell'FC Jumilla, già tesserato in agosto ma che si aggrega alla rosa da gennaio.

Rinforzato a dovere e con lo spogliatoio ricompattato il Maratea inizia una rimonta poderosa con sole vittorie e il 1° febbraio, battendo in casa per 2-0 l'Agromonte con reti di F. Morena e M. Formica, i tirrenici sono da soli al comando della classifica. Arrivano quindi altre tre vittorie consecutive per i granata, che sembrano ormai lanciatissimi, ma alla 18ª giornata sul campo della Virtus Latronico il Maratea viene clamorosamente sconfitto per 2-0, venendo scavalcato dallo Scanzano. La 19ª giornata, in programma per sabato 7 marzo 2020, prevede proprio lo scontro diretto tra Maratea e Scanzano, un incontro che si preannuncia agguerritissimo e che sarà probabilmente decisivo per la vittoria del campionato, ma questa gara non si giocherà mai, perché il 20 febbraio a Codogno (LO) è stato ufficialmente rilevato il primo caso di un italiano positivo al CoViD-19, il virus che bloccherà il mondo, e nei giorni successivi i contagi saliranno vertiginosamente fino ad indurre il Presidente del Consiglio Giuseppe Conte a ordinare il lockdown. Tutta l'Italia va in isolamento e i campionati di calcio di ogni livello sono ovviamente sospesi. La primavera 2020 per gli italiani è terribile, con migliaia di morti al giorno per il virus, e nonostante Maratea non sia toccata dalla prima ondata del CoViD-19 i giorni sono carichi di angoscia, paura, ansia, ma anche della speranza di poter tornare quanto prima alla normalità. È in questa situazione che il capitano dell'FC Maratea Giuseppe Maimone, di professione videomaker, ha la geniale idea di realizzare un video in cui ciascun giocatore granata effettua qualche palleggio a casa propria, passando poi virtualmente la palla ad un compagno, il tutto accompagnato dall'hashtag #distantimauniti. Il video ha un successo clamoroso e per la seconda volta nella stagione il Maratea finisce su tutti i media italiani, con il presidente Giacomo Ricciardi che viene ospitato in collegamento in diretta su Rai News 24 per commentare il video.

Quando con l'avvicinarsi dell'estate la situazione migliora e iniziano ad essere allentate le misure restrittive si comincia a parlare anche di ripartenza dei campionati di calcio, ma è qui che arriva la doccia fredda per il Maratea: mentre i campionati professionistici riprenderanno, quelli dilettantistici vengono considerati conclusi la classifica parziale viene ufficializzata come classifica finale, il che significa che lo Scanzano viene proclamato campione della Seconda Categoria e il Maratea ha di fatto perso il titolo all'ultima giornata effettiva. Per i granata è una decisione che pesa molto sul morale, anche perché l'idea di poter ribaltare la classifica nello scontro diretto allo stadio Europa era ben presente nella testa dei giocatori tirrenici. Con il secondo posto finale il Maratea ottiene comunque il ripescaggio in Prima Categoria e la dirigenza si mette al lavoro per rinforzare la rosa. Il mercato è ancora una volta entusiasmante, con una serie di acquisti di grande livello, tutti con esperienza in categorie superiori. Arrivano ben quattro giocatori da Praia, il portiere Alessandro Massara, il difensore centrale Raffaele Papa, l'esterno Giuseppe Oliva e soprattutto il centrocampista Mattia Matellicani, uno dei più attesi visto il suo curriculum con presenze da under nel Catanzaro in Serie C. Torna a casa dopo l'esperienza all'Atletico Lauria in Eccellenza Saverio Maimone, mentre un altro ritorno è quello, sempre dall'Eccellenza, di Ferdinando Sisca. Si unisce alla squadra anche Matteo Carluccio, cresciuto nel settore giovanile marateota e poi trasferitosi al Nord per motivi di lavoro, ma ora ristabilitosi a Maratea con la sua attività di ristoratore. A mercato quasi chiuso arriva poi un altro super colpo, il bomber Giuseppe Salamone, che in carriera ha segnato caterve di gol in ogni squadra in cui ha militato. Il Maratea 2020-21 è davvero fortissimo e l'obiettivo è quello di puntare ai vertici della classifica.

Ci sono dei casi in cui il destino sembra che si diverta a creare determinate situazioni e alla presentazione del calendario il pensiero unanime è che il destino abbia voluto divertirsi proprio assai, perché la prima gara in casa del Maratea sarà proprio contro lo Scanzano, come in una continuazione del campionato interrotto a febbraio. La prima giornata conferma le attese, con il Maratea che s'impone a Salandra per 1-0 con una rete di Simone Formica. Maratea-Scanzano è una partita carica di significato per entrambe le squadre: i tirrenici hanno l'occasione di riscattare la delusione per il campionato andato agli ionici, questi ultimi invece ci tengono ad affermare la propria superiorità anche in casa dei granata. Se ci si aggiunge il fatto che i contagi da CoViD-19 sono in forte risalita dopo l'estate e che una nuova sospensione dei campionati è dietro l'angolo si capisce bene come per entrambe le squadre quella dello stadio Europa sia una finale. La gara si gioca a porte chiuse per le norme anti-contagio e viene trasmessa in diretta via Facebook, con quasi 500 persone collegate dai due paesi. Il primo tempo è molto equilibrato, con lo Scanzano che si divora anche una grossa occasione, ma sul finire del primo tempo ecco che Matellicani offre al pubblico marateota la prima delle sue tante perle, andando via sulla sinistra e crossando alla perfezione per la testa di Salamone, che con ottima scelta di tempo la mette all'incrocio trovando l'1-0. Nella ripresa sembra che il Maratea possa comandare il gioco, ma è lo Scanzano a trovare il pareggio con Corleto e a riequilibrare la partita. Mancano 4 minuti alla fine quando il Maratea beneficia di un calcio d'angolo. Palla battuta corta, cross dalla trequarti e colpo di testa di Papa che segna il 2-1 facendo esplodere i suoi, mentre tutto lo Scanzano si precipita a protestare per la posizione di Papa, in sospetto fuorigioco. Le proteste veementi causano anche un rosso per gli ionici, che nel finale comunque ci provano anche in dieci e trovano clamorosamente il gol del 2-2 che viene però immediatamente annullato dall'arbitro per fuorigioco, scatenando altre accanitissime proteste. Ci si aspettava una partita sentitissima e così è stato. Il Maratea vince 2-1 e l'esultanza è grandissima, ma a spegnere gli entusiasmi arriva come previsto ormai il nuovo stop ai campionati dilettantistici a causa della seconda ondata di contagi di CoViD-19. Il campionato non riprenderà più e non avrà né vincitori né vinti.

Il maledetto CoViD, oltre ad aver fatto immensi danni sul piano delle vite umane e dell'economia italiana e mondiale, ha inquinato pesantemente due stagioni sportive che stavano offrendo uno spettacolo grandissimo agli appassionati. Tra Maratea e Scanzano, in virtù di quanto accaduto, è ormai ufficialmente nata una nuova rivalità (sana e sportiva, va puntualizzato, tra due società amiche). È nato il *derby dei due mari.*

24.

A riveder le stelle

Nell'estate del 2021, dopo un anno intero di forzato stop dei campionati, la situazione del CoViD-19 in Italia è relativamente sotto controllo al livello da non far temere nuove sospensioni per la stagione 2021-22. La dirigenza del Maratea si mette quindi all'opera per costruire una squadra che sia in grado di lottare per vincere la Prima Categoria, obiettivo chiaro fin da subito. Diversi giocatori acquistati l'anno precedente hanno lasciato la squadra, ma il nuovo mercato promette benissimo, con innesti di qualità in tutti i reparti: in porta Danilo Basuino, in difesa il centrale Lazzaro De Filippo e il duttile Giuseppe De Franco, a centrocampo Loris Bevilacqua e il rientrante Claudio Bianco e in attacco l'attesissimo Luciano Melchionda, storico cannoniere di Castelluccio ed

Episcopia. A loro si aggiungono gli innesti dei giovani Biagio Nobile, Biagio Surace e di Giuseppe Aliberti, figlio dell'ex portiere granata Stefano.

Per l'ennesimo scherzo del destino, alla prima partita casalinga del Maratea c'è ancora una volta il derby dei due mari con lo Scanzano. L'esordio dei granata è sul campo dell'Atletico Marsico, dove basta una rete di Laino sugli sviluppi di un corner ad ottenere i tre punti, poi sette giorni dopo è il momento della grande sfida. 20 minuti del primo tempo e la gara è già fortemente in salita per il Maratea, che già doveva fare a meno dell'assente Laino: Bevilacqua fuori per un grave infortunio che lo terrà lontano dai campi per tutto il girone d'andata, Federico Morena espulso per una clamorosa incomprensione con l'arbitro riguardo all'ok per rientrare in campo dopo essersi tolto un orecchino, che gli costa il doppio giallo. A vedere la partita però sembra che sia lo Scanzano ad avere un uomo in meno, perché ad attaccare è sempre e solo il Maratea, che dopo aver sfiorato l'eurogol con Carluccio passa in vantaggio al 63' con un capolavoro di Matellicani che dopo un sombrero a un difensore scaraventa in porta un siluro che gli vale il primo gol in granata. Nemmeno il tempo di rimettersi comodi però e lo Scanzano pareggia. Il Maratea torna in avanti e coglie due legni con Falvella e Marco Formica, ma anche lo Scanzano ha una super occasione sventata da

Basuino con un riflesso quasi disumano. Col Maratea che rimane addirittura in nove per l'espulsione di M. Formica la gara arriva ai minuti di recupero con il pareggio che sembra ormai acquisito, ma al 92' un lancio lungo di Bianco innesca la corsa di Falvella che da solo in mezzo a tre avversari riesce a guadagnarsi un rigore di platino. Un glaciale Andrea Formica trasforma dal dischetto. Per la seconda volta di fila il derby dei due mari è granata ed è un'iniezione di fiducia enorme per la squadra.

Il campionato del Maratea prosegue a vele spiegate grazie soprattutto ad uno scatenato Laino, schierato centravanti in attesa di ritrovare una migliore forma fisica e scopertosi bomber implacabile che trascina la squadra a suon di gol, andando a creare una formidabile coppia con il fantasista Matellicani. Chi invece stenta ad ingranare è Melchionda, frenato da problemi fisici, ma alla 5ª giornata è lui a realizzare il gol che permette ai granata di superare la Sanseverinese. Sarà la sua unica rete col Maratea, dato che lascerà la squadra poco tempo dopo. A fine novembre il campionato entra nel vivo, con il Maratea che deve affrontare in successione tutti gli scontri diretti con le inseguitrici più vicine in classifica. Come Orazio Coclite sconfisse a uno a uno i soldati degli Etruschi sul ponticello sul Tevere, così il Maratea una dopo l'altra batte tutte le sue contendenti (3-1 all'ACS,

3-0 al Lagonegro, 4-1 al Real Chiaromonte e 3-1 al Cittadella Potenza) arrivando ad avere addirittura nove punti di vantaggio in classifica. Rinforzatasi nel mercato invernale con il ritorno di Remo Morena e l'arrivo del giovane Alessandro Cirigliano, il Maratea parte alla grande anche nel girone di ritorno con un sonoro 6-2 sull'Atletico Marsico (doppiette di Matellicani e di un Cirigliano subito *on fire* e reti di M. Formica e G. Maimone), prima però d'incappare nella prima sconfitta stagionale con un pesante 1-3 nel derby di ritorno con lo Scanzano. Le inseguitrici iniziano a sperare in un calo magari anche psicologico del Maratea, che dovrà affrontare tutti gli scontri diretti in trasferta nel finale di campionato, ma la reazione dei tirrenici la domenica successiva è stratosferica, con un 8-0 al malcapitato Beato Bonaventura (tripletta di Matellicani, doppietta di Cirigliano e reti di Laino, Falvella e G. Maimone), in una gara dove va segnalato anche il ritorno in campo dell'eterno Emiliano Polisciano, che dopo 32 anni dall'ultima volta (Pignola-Maratea 2-0, 11 marzo 1990) torna a difendere la porta del Maratea in una gara ufficiale.

Il campionato entra nella sua fase decisiva alla 15ª giornata, quando il Maratea è impegnato nell'ostica trasferta di Grassano. Pochi minuti dal calcio d'inizio e un filtrante di R. Morena viene alzato splendidamente di tacco da Laino per Falvella che calcia al volo da fuori area e trova un gol, oltre che meraviglioso, decisivo per il preziosissimo 1-0 finale del Maratea.

Con i tirrenici che continuano inarrestabili a macinare vittorie la giornata che può decidere il campionato è la 19ª, con il Maratea impegnato nel derby della Valle del Noce con il Lagonegro e il Cittadella Potenza di scena a Grassano. In caso di sconfitta dei potentini, il Maratea potrebbe laurearsi campione con tre turni d'anticipo battendo i rossoneri.

Mister Viceconte manda in campo la squadra col consueto 4-3-3: Basuino; De Franco, De Filippo, F. Morena, Favieri; Matellicani, Bevilacqua, D'Amore; Falvella, Laino, Cirigliano. I tirrenici attaccano sin dal primo minuto, ma la palla sembra non voler entrare. Falvella e Matellicani hanno le occasioni più ghiotte, ma mancano entrambi di poco lo specchio della porta. La notizia del vantaggio del Grassano spinge ancora di più l'azione del Maratea, che col passare dei minuti assedia sempre più la porta di Ferraioli. Mister Viceconte si gioca tutte le carte offensive mandando in campo anche Di Puglia e G. Maimone, nonostante sia arrivata la notizia della rimonta del Cittadella. Indipendentemente infatti dal risultato dell'inseguitrice il Maratea deve vincere per mantenere intatto il proprio vantaggio di nove punti che gli darebbe la possibilità di chiudere i giochi alla giornata successiva. Il Lagonegro, che insegue il treno per i play-off, è però un osso durissimo e resiste strenuamente. Ad avere sulla testa la palla buona è Giuseppe Maimone, l'eroe di Viggianello, ma questa volta la sua incornata è troppo debole e centrale per sorprendere Ferraioli. Manca solo un minuto alla fine quando Di Puglia si lancia in una serpentina e viene steso al limite dell'area: punizione. È lo specialista Laino ad incaricarsi di calciare un pallone che pesa tonnellate. Rincorsa... tiro che scavalca la barriera... GOOOOL! Sì, proprio all'ultimo minuto Laino segna il gol che incendia l'entusiasmo di squadra e tifosi, uno dei gol più importanti della storia del Maratea, il gol simbolo dell'era di presidenza Ricciardi, il gol che permette al Maratea di vincere il derby e di portarsi ad un punto dal sogno quando mancano tre giornate alla fine. Sette giorni di pazienza e poi, sul campo del Real Chiaromonte, i tirrenici conquistano con lo 0-0 il punto che vale la vittoria del campionato di Prima Categoria a 36 anni di distanza dal trionfo della squadra di Elio Avigliano.

Alla festa per la vittoria del campionato il presidente Ricciardi invita una rappresentanza proprio di quella eroica squadra: Elio Avigliano, Osvaldo Melfi, Sasà Manfellotto, Biagio Di Mingo, Biagio Belvedere, Domenico Spagnuolo, Santo

Ramunno e Antonio Marino si riuniscono dopo 36 anni per applaudire i ragazzi che hanno regalato agli appassionati marateoti emozioni indelebili.

Era dal 1998 che il Maratea non giocava in Promozione. Dopo 24 anni in un inferno di fallimenti, chiusure, riaperture, vittorie, sconfitte e continui su e giù tra le categorie minori il Maratea esce a riveder le stelle.

25.
Parabole

La parabola è una particolare figura piana che in geometria analitica è definita come il luogo dei punti del piano equidistanti da una retta detta direttrice e da un punto esterno alla retta detto fuoco. A rendere immediatamente riconoscibile la parabola è il suo caratteristico andamento simmetrico, crescente fino al vertice e poi decrescente, o viceversa prima decrescente fino al vertice e poi crescente. La stagione 2022-23 del Maratea è decisamente una stagione di parabole.

Tante sono le novità che i granata incontrano approdando in Promozione: c'è la Coppa Italia, c'è la terna arbitrale composta da arbitro e assistenti e non più il solo direttore di gara costretto a dover valutare da solo anche il fuorigioco, ma c'è anche e soprattutto la regola dei due under 19 obbligatoriamente in campo. Per questo motivo il mercato estivo del 2022 è fortemente improntato alla ricerca di ragazzi under 19 in grado di dare un contributo importante alla squadra e allo stesso tempo di costituire l'ossatura della formazione juniores, ricreata dopo alcuni anni di assenza. Gli under aggregati alla prima squadra sono i difensori Mattia Miceli, Samuele Aliberti e Donato Fittipaldi e il duttile centrocampista Pietro Viceconte, a cui si aggiungono i confermati Alessandro Cirigliano e Giuseppe Aliberti. Il mercato dei più grandi vede i ritorni di Saverio Maimone e Salvatore Piscitelli e tre nuovi acquisti: Antonio Olivieri, centravanti di grande esperienza, Bakary Bojang, esterno gambiano mascotte della squadra, e Simone Zaccaro, portiere marateota doc ma con esperienze nelle giovanili di Sapri, Praia e Potenza e reduce da una stagione come secondo nel Francavilla in Serie D. Anche a Maratea Zaccaro parte come secondo del fortissimo Basuino, ma sovvertirà le gerarchie già dalla prima giornata diventando uno dei protagonisti della stagione granata.

Tanti saranno anche gli addi, ma avverranno nel corso della stagione per i motivi più disparati. In particolare, a far inumidire gli occhi dei tifosi sarà la decisione a dicembre di Giuseppe Maimone di appendere le scarpette al chiodo. La bandiera marateota lascerà il calcio giocato dopo 10 stagioni in granata e 55 gol segnati, che ne fanno il miglior marcatore della storia dell'FC Maratea.

Che l'inizio del campionato sia difficoltoso per il Maratea è prassi, lo si è visto nei capitoli precedenti, ma in questa stagione la situazione viene complicata dalla strana decisione della Federazione di far disputare la prima giornata domenica 4 settembre, con l'ultimo turno previsto addirittura per il 2 aprile, neanche ci fossero da disputare i Mondiali a maggio. Con molti dei suoi giocatori ancora occupati come lavoratori stagionali, il Maratea vive una partenza complicata, culminata nel bruciante 2-5 casalingo contro il Cittadella Potenza, squadra tenuta a bada senza problemi nella stagione precedente. Una volta iniziato a carburare però il Maratea diventa inarrestabile, conquistando otto vittorie in nove gare, condite da goleade come l'8-0 sul campo del Peppino Campagna Bernalda (tripletta di Viceconte, doppietta di Olivieri e reti di Bevilacqua, Matellicani e Bojang).

La gara in assoluto più emozionante, però, è quella del 13 novembre, quando allo stadio Europa arriva la temibilissima corazzata Santarcangiolese, in piena lotta per la vetta della classifica. Mister Viceconte schiera in porta Basuino (sarà la sua ultima presenza in granata), in difesa Falvella, F. Morena, Favieri e S. Maimone, a centrocampo Matellicani, Bevilacqua e Piscitelli e in attacco Cirigliano, Laino e Viceconte. Lo stadio Europa è affollatissimo da tifosi di entrambe le squadre. 4 minuti e Laino lancia stupendamente in profondità

Viceconte che è freddissimo a segnare l'1-0 che indirizza da subito la partita a favore del Maratea. La Santarcangiolese reagisce con impeto e si catapulta in avanti, impattando però contro la granitica difesa del Maratea. La squadra ospite è composta da giocatori di grandissimo valore, ma i marateoti mettono in campo tutto il loro cuore e la loro grinta. L'immagine simbolo di tutto ciò è il capitano Falvella che a 40 anni recupera in velocità Ndiaye, uno dei giocatori più rapidi del campionato, togliendogli il pallone giusto prima che calciasse in porta. È una partita che sembra infinita, con i giallorossi che le provano tutte e il Maratea che resiste, resiste e resiste, finché al 90' su un pallone spazzato da S. Maimone il portiere ospite Giacone esce dalla sua area per affrettare i tempi e sbaglia l'appoggio con i piedi ai suoi difensori; la palla arriva a capitan Falvella che da centrocampo prende la mira e con una parabola da artista sopraffino piazza la palla all'incrocio dei pali, scatenando il delirio assoluto dei marateoti. Se Maratea-Pro Matera 4-3 del 30 novembre 1986 è stata la partita più emozionante di quel Maratea che debuttava in Promozione, Maratea-Santarcangiolese 2-0 del 13 novembre 2022 ne è di certo la degna trasposizione nel presente. La parabola di Falvella entra di diritto nella leggenda del Maratea Calcio.

Ecco, a proposito di parabole, si è detto in apertura di capitolo che la stagione 2022-23 per il Maratea è all'insegna delle parabole, e così è. È una parabola, ad esempio, il lancio lunghissimo dal limite della sua area con cui Simone Zaccaro scavalca il collega portiere della Viribus Potenza al 90' della 14ª giornata, firmando clamorosamente il 2-0 e diventando il terzo portiere della storia tirrenica a segnare un gol dopo Paolo Priore e Pierpaolo Pretelli.

È assimilabile a una parabola l'intera stagione del Maratea: formidabile nel girone d'andata, al netto delle difficoltà iniziali, pessima nel girone di ritorno. Il vertice che determina l'inversione di tendenza è posizionato in un periodo preciso dell'annata, tra l'8 e il 18 dicembre 2022. Nel giorno dell'Immacolata Concezione infatti, durante il recupero infrasettimanale del derby dei due mari finito 0-0 a Scanzano, Paolo Laino s'infortuna al piede subendo la lussazione dell'alluce, guaio che lo terrà lontano dai campi per un mese e la sua assenza sarà pesantissima per i tirrenici. Dieci giorni dopo il Maratea, arrivato addirittura a tre punti dalla vetta, ospita la capolista Pescopagano allo stadio Europa. I marateoti disputano la migliore partita del loro campionato, mettendo alle corde per novanta minuti la capolista, ma vengono sconfitti per 1-0 a causa di un gol al 30' di Rosania che con una parabola (ancora) da 30 metri sorprende Zaccaro. Scivolato a sei punti dalla vetta e già praticamente salvo, il Maratea tira i remi in barca a livello mentale e la sua stagione finisce di fatto qui. Fra i pochi sorrisi del girone di ritorno vanno però celebrati due record: Saverio Maimone riesce ad andare in gol per cinque partite di fila, come nessun altro giocatore del Maratea aveva mai fatto nei campionati di Promozione; alla penultima giornata, grazie ai miracoli di Zaccaro nel 4-0 alla Viribus Potenza, l'FC Maratea eguaglia il suo record di 10 *clean sheet* stagionali stabilito nel 2015-16 in Prima Categoria, fermandosi a una sola partita di distanza dal record assoluto per una squadra di Maratea in Promozione, stabilito dall'SC Maratea nel 1990-91. È una meritatissima soddisfazione personale per Simone Zaccaro, che mai si è arreso durante tutto il girone di ritorno. Il bellissimo 4-0 alla Viribus all'ultima gara casalinga, firmato da Matellicani con una tripletta (arrivando così a 30 gol totali con la maglia granata) e da Orlando Favieri, che alla quarta stagione col Maratea si toglie la soddisfazione di segnare il suo primo gol in granata, alimenta un po' di rimpianti e considerazioni sulla stagione. C'era il potenziale per arrivare più in alto se la squadra non avesse mollato nel girone di ritorno? La storia non si fa con i se e con i ma. Quello che è certo è che un sesto posto al ritorno in Promozione dopo

24 anni è un risultato di cui essere soddisfatti e orgogliosi, come dichiara a fine anno in un'intervista a *Tuttocampo.it* il presidente Giacomo Ricciardi, soprattutto considerando come il Maratea tre anni prima fosse in Seconda Categoria.

Che alti e bassi facciano parte del gioco e della vita di una squadra è naturale e la storia del Maratea Calcio ne è l'ennesima riprova, ma non si può fare a meno di notare come in effetti dal 2019 in avanti il cammino del Maratea sia un continuo crescendo. L'augurio che rivolgo allora a squadra e società, in occasione dei 90 anni dalla creazione della prima squadra di calcio marateota, è che questo crescendo duri ancora per tanto, tanto tempo e che regali tante belle emozioni ai marateoti. Perché il calcio, a Maratea, è una storia di passione.

Fonti e bibliografia.

a) Capitolo 1 (pp. 5-14)

Le notizie sulla fondazione dell'Audax Maratea si trovano in CARLO MAGLIA, *Calcio dilettantistico lucano*, vol. I, Napoli, Rocco Curto, 1992; SERGIO DE NICOLA, *Ricordo di un poeta,* Tortora, Futura, 2000; ID., *Maratea... parliamone ancora,* Cosenza, Pellegrini, 2005. Da questi ultimi due volumi vengono anche le informazioni biografiche di P. E. Iannini.

La formazione della squadra è desunta dal riconoscimento dei volti nella foto del 1933 pubblicata in DE NICOLA, *Ricordo* cit., p. 35, fatta dal sig. Biagio D'Attoli. La sua attività da MAGLIA, *Calcio* cit., vol. I.

Per l'organizzazione del calcio lucano durante il Fascismo, si veda ancora MAGLIA, *Calcio* cit., vol. I.

Le notizie relative alla tribolata individuazione dell'area del campo sportivo provengono dall'ARCHIVIO DI STATO DI POTENZA, *Fondo Prefettura. Atti amministrativi (1933-1952)*, cartella 631, *ad vocem* "Maratea - Campo sportivo". Le delibere podestarili possono leggersi in ARCHIVIO COMUNALE DI MARATEA, *Registro delle deliberazioni del podestà dal 1930 al 1934*, n. 41/1931 alle cc. 47r-47v e n. 64/1934 alle cc. 194r-195v; e *Registro delle deliberazioni del podestà dal*

1934 al 1936, n. 85/1934 alle cc. 1v, n. 117/1934 alle 13v, n. 50/1935 alle cc. 38v-38r.

b) Capitolo 2 (pp. 15-22)

Il verbale di fondazione della U.S. La Turrita Maratea è conservato nell'archivio privato della famiglia Vitolo.

La sua formazione è desunta da informazioni avute dai sigg. Biagio D'Attoli, Elio Avigliano, Francesco Schettino e dal prof. Francesco Sisinni.

Le notizie sullo stadio La Quercia sono desunte da documenti anch'essi conservati presso l'archivio privato della famiglia Vitolo.

L'incidente di Lauria mi è stato riferito dal prof. Sisinni e dai sigg. D'Attoli e Avigliano.

I risultati della squadra sono tratti da MAGLIA, *Calcio* cit., vol. I e da un tabulato conservato nell'archivio del Comitato Regionale F.I.G.C. di Potenza.

c) Capitolo 3 (pp. 23-27).

Per una storia di Maratea nel secondo dopoguerra, e in particolare riguardo all'apertura del Lanificio R1, si vedano LUCETTA SCARAFFIA & DANIELA TESTA, *Le industrie del Sud,* Milano, Franco Angeli, 1975; MARIANNA TROTTA, *Il conte Stefano Rivetti: l'imprenditore gentiluomo,* Maratea, 2005; GILBERTO SERAVALLI, *Incióu sü tüt. La parabola di un capitalismo prepotente. Biella 1850-Maratea 1969,* Rosenberg & Sellier, 2018.

L'atto di fondazione e statuto sociale dello Sports Club Maratea sono conservati presso l'archivio privato della famiglia Vitolo.

La sua formazione e le notizie sui giocatori mi sono state fornite dai racconti dei sigg. Avigliano e Pasquale *Lillino* Lammoglia.

I risultati della squadra sono tratti nuovamente da MAGLIA, *Calcio* cit., vol. I e dai comunicati settimanali conservati nell'archivio del Comitato Regionale F.I.G.C. di Potenza.

Le notizie sui reclami vinti nelle partite di Castelluccio e Rotonda provengono dai comunicati ufficiali conservati nell'archivio del Comitato Regionale F.I.G.C. di Potenza.

d) Capitolo 4 (pp. 29-34)

I risultati della squadra sono tratti da MAGLIA, *Calcio* cit., vol. I, dai comunicati settimanali conservati nell'archivio del Comitato Regionale F.I.G.C. di Potenza e dagli articoli della rubrica sportiva della *Gazzetta del Mezzogiorno* pubblicati nei giorni successivi alle partite.

L'articolo del *Corriere dello Sport* qui citato è N. N., *Il Maratea quasi pronto per la Serie D,* pubblicato il 9 gennaio 1965.

Le notizie dei giocatori mi sono state fornite dal sig. Domenico Formica. Dallo stesso ho avuto le notizie circa la squadra di Acquafredda di Maratea.

e) Capitolo 5 (pp. 35-41)

Le notizie su questa stagione provengono da MAGLIA, *Calcio* cit., vol. I, dai comunicati settimanali conservati nell'archivio del Comitato Regionale F.I.G.C. di Potenza e dagli articoli della rubrica sportiva della *Gazzetta del Mezzogiorno* pubblicati nei giorni successivi alle partite.

Le notizie su Vincenzo Ferrulli si veda il suo profilo sul sito *Transfermarkt.it* e i racconti del sig. Lammoglia.

L'aneddoto della trasferta a Lavello, così come la cronaca della partita, derivano dal relativo articolo apparso sulla *Gazzetta del Mezzogiorno* e dal racconto del sig. Formica.

L'episodio della partita non disputata nella città di Avigliano mi è stato narrato dai sigg. Avigliano, Formica e Lammoglia.

f) Capitolo 6 (pp. 43-49)

Gli aneddoti qui presenti mi sono stati raccontati dai sigg. Avigliano, Lammoglia, Ettore Maestri e Armando Panza.

Per i risultati si vedano MAGLIA, *Calcio* cit., voll. I e II nonché gli articoli della rubrica sportiva della *Gazzetta del Mezzogiorno* pubblicati nei giorni successivi alle partite.

L'aneddoto del rigore in Nemoli-Maratea mi è stato raccontato dai sigg. Lammoglia, Maestri e Gabriele Carluccio.

L'aneddoto di Santarcangiolese-Maratea mi è stato raccontato dal sig. Lammoglia.

Per Maratea-Potenza le notizie mi sono pervenute dai sigg. Avigliano e Formica.

g) Capitolo 7 (pp. 51-56)

I risultati della squadra sono tratti da MAGLIA, *Calcio* cit., vol. II, dai comunicati settimanali conservati nell'archivio del Comitato Regionale F.I.G.C. di Potenza e dagli articoli della rubrica sportiva della *Gazzetta del Mezzogiorno* pubblicati nei giorni successivi alle partite.

Le notizie su Martino mi sono state fornite dal sig. Lammoglia.

Il referto di Stigliano-Maratea è contenuto nel comunicato settimanale della F.I.G.C. successivo alla partita stessa, mentre i sigg. Avigliano, Biagio Belvedere, Maestri, Panza e Aldo Trotta mi hanno fornito i dettagli sugli aneddoti avvenuti in campo e fuori.

Per la partita Marconia-Maratea mi sono avvalso dei racconti dei sigg. Avigliano e Lammoglia e del relativo articolo apparso sulla *Gazzetta del Mezzogiorno.*

h) Capitolo 8 (pp. 57-60)

Le notizie su questa stagione provengono da un quaderno di appunti personale tenuto all'epoca dal sig. Lammoglia.

Per quanto riguarda le altre squadre di Maratea qui citate, ho attinto dalle classifiche pubblicate in MAGLIA, *Calcio* cit., vol. II e dai racconti dei sigg. Maestri e Michele Talarico.

Ad oggi mancano lavori sulla storia di Maratea negli anni '80, ma può essere utile visionare BIAGIO TROTTA, *Fernando Sisinni e il tarlo dell'utopia*, Maratea, s.n., 2011.

L'amichevole con il Matera mi è stata narrata dal sig. Talarico.

L'episodio collegato a Osvaldo Melfi e al suo acquisto mi è stato raccontato dai sigg. Avigliano e Talarico.

i) Capitolo 9 (pp. 61-66)

Le notizie su questa stagione provengono dalle agende dell'allenatore Elio Avigliano.

Le notizie sullo stadio Europa provengono dall'archivio comunale, *Raccolta delle deliberazioni del consiglio comunale e della giunta municipale (1949-1992)*, delibere di giunta nn. 32/1986, 228/1986 e 317/1986.

j) Capitolo 10 (pp. 67-74)

Il diverbio tra Melfi e l'arbitro mi è stato raccontato dal sig. Avigliano.

Le notizie sulle partite di questo capitolo provengono dagli articoli della rubrica sportiva della *Gazzetta del Mezzogiorno* pubblicati nei giorni successivi alle partite.

Notizie e aneddoti sull'amichevole con l'Inter mi sono stati riferiti dai sig. Talarico e da un articolo dal titolo *L'Inter fa 13 contro il Maratea: poker di Ciocci, tris di Fanna* di cui non è stato possibile rintracciare la testata.

k) Capitolo 11 (pp. 75-82)

Le notizie sulle partite di questo capitolo provengono dagli articoli della rubrica sportiva della *Gazzetta del Mezzogiorno* pubblicati nei giorni successivi alle partite.

I retroscena sulla dirigenza provengono anch'essi da quegli articoli.

l) Capitolo 12 (pp. 83-89)

Le notizie sulle partite provengono dagli articoli della rubrica sportiva della *Gazzetta del Mezzogiorno* pubblicati nei giorni successivi alle partite.

La cronaca di Maratea-Murese mi è stata fornita dai sigg. Lammoglia, Franco Iaria e dal servizio realizzato dal TGR Basilicata e conservato su VHS dal sig. Talarico.

m) Capitolo 13 (pp. 91-95)

Le notizie sulle partite provengono dagli articoli della rubrica sportiva della *Gazzetta del Mezzogiorno* pubblicati nei giorni successivi alle partite.

Le notizie sui cambi in dirigenza mi sono state fornite dai sigg. Avigliano e Filippo "Pippo" Maimone.

Le notizie su Lauria-Maratea provengono, oltre che dagli articoli della *Gazzetta del Mezzogiorno,* mi sono pervenute dai sigg. Luca Marotta e Biagio Velardi. Il sig. Marotta mi ha dato informazioni sulla partita Maratea-Melfi.

n) Capitolo 14 (pp. 97-108)

I risultati, marcatori e classifiche di questo capitolo provengono dagli articoli della rubrica sportiva della *Gazzetta del Mezzogiorno* pubblicati nei giorni successivi alle partite.

I racconti di questo capitolo provengono dai sigg. Avigliano, Formica, Luigi Elio Ferrante e Gaetano Lenti.

o) Capitolo 15 (pp. 109-119)

I risultati, marcatori e classifiche di questo capitolo provengono dagli articoli della rubrica sportiva della *Gazzetta del Mezzogiorno* pubblicati nei giorni successivi alle partite.

I racconti sulle stagioni di questo capitolo provengono dai sigg. Biagio Avigliano, Ferrante, Lenti e Pierfranco De Marco.

Le notizie sulla formazione della Polisportiva Turrita mi sono state fornite dal prof. Sisinni in parte oralmente e in parte dalla lettura del suo *Et in Arcadia ego*, Milano, Silvana editore, 2021, in part. p. 217, nonché da *Maratea. Periodico dell'amministrazione comunale*, a. XIII n. 1 (1995), p. 24.

p) Capitolo 16 (pp. 121-126)

Le notizie sulla nuova Maratea Calcio mi sono state fornite dai sigg. Marotta e Pierpaolo Schettini e dai documenti ufficiali conservati nell'archivio privato della famiglia Trotta.

I risultati, marcatori e classifiche di questo capitolo provengono da MAGLIA, *Il calcio dilettantistico lucano. Fatti, immagini, dati (1993-2012)*, vol. I, Napoli, Multimedia, 2012.

La notizia del ritiro dal campionato è ufficializzata dal comunicato del Comitato Regionale F.I.G.C. n. 38 del 10 aprile 2002.

Sulla fondazione dello F. C. Maratea 2004 le notizie sono miei personali ricordi, in quanto fui tesserato dalla società in quanto iscritto alla scuola calcio.

Le notizie sul Cogliandrino-Maratea mi sono pervenute dal sig. De Marco.

q) Capitolo 17 (pp. 127-134)

I dati, risultati e classifiche riguardanti l'Oratorio "Lentini" provengono da MAGLIA, *Il calcio dilettantistico lucano* cit., vol. II, dagli articoli della rubrica sportiva della *Gazzetta del Mezzogiorno* pubblicati nei giorni successivi alle partite e dai racconti del sig. Biagio Longo.

Relativamente alla stagione 2009-2010, le notizie dal profilo Facebook della squadra e dai racconti del sig. Antonio Napolitano.

r) Capitolo 18 (pp. 135-140)

I risultati sulla stagione 2012-2013 sono raccolti da articoli scritti da me per *Il Quotidiano,* integrati da alcuni articoli della *Gazzetta del Mezzogiorno.*

Aneddoti, episodi e notizie sulle partite di questa stagione sono miei ricordi personali, in quanto seguivo la squadra come collaboratore.

s) Capitolo 19 (pp. 141-145)

I risultati della stagione presentata in questo capitolo provengono dall'archivio storico della testata web Tuttocampo.it.

Aneddoti, episodi e notizie sulle partite di questa stagione sono miei ricordi personali, in quanto seguivo la squadra come collaboratore.

t) Capitolo 20 (pp. 147-157)

I risultati della stagione presentata in questo capitolo provengono dall'archivio storico della testata web Tuttocampo.it.

Aneddoti, episodi e notizie sulle partite di questa stagione sono in parte miei ricordi personali e in parte provengono dal sig. Umberto Annunzzo e Giuseppe Maimone.

Per le partite Maratea-ACS e Maratea-Astra Tramutola, si vedano i servizi da me realizzati per Maratea-WebRadio-Tv International.

Per la partita Viggianello-Maratea, si veda il servizio realizzato da *LaSiritide.it.*

u) Capitolo 21 (pp. 159-166)

I risultati della stagione presentata in questo capitolo provengono dall'archivio storico della testata web Tuttocampo.it.

Aneddoti, episodi e notizie sulle partite di questa stagione mi sono stati forniti dal sig. Maimone.

Riguardo le dimissioni e l'esonero dell'allenatore Avigliano, si veda un mio articolo dal titolo *I 5 motivi per cui Biagio Avigliano non deve lasciare la panchina del Maratea,* pubblicato sul sito *MarateaClub.com.*

v) Capitolo 22 (pp. 167-172)

I risultati della stagione presentata in questo capitolo provengono dall'archivio storico della testata web Tuttocampo.it.

Sulla partita Maratea-Nemoli, si veda il mio servizio per MarateaWebRadio-Tv International.

Le notizie sul precampionato della stagione 2018-2019 derivano dall'articolo web del sito *IamCalcioPotenza.it* e da quanto pubblicato dalla sig.ra Anna Montesano sul proprio profilo Facebook e sulla pagina della squadra dello stesso sito.

w) Capitolo 23 (pp. 173-181)

I risultati della stagione presentata in questo capitolo provengono anch'essi dall'archivio storico della testata web Tuttocampo.it.

Aneddoti, episodi e notizie sulle partite di questa stagione sono miei ricordi personali, in quanto tornai a seguire la squadra come collaboratore.

Di tutte le partite casalinghe di questa stagione esistono i servizi video realizzati da me per MarateaWebRadio-Tv International nonché per i profili web della società calcistica stessa.

Manca ancora una storia dettagliata di ciò che fu e comportò la pandemia di CoViD-19 in Italia, tuttavia, il suo ricordo è ben vivo in coloro che l'hanno vissuta.

x) Capitolo 24 (pp. 183-189)

I risultati della stagione presentata in questo capitolo provengono anch'essi dall'archivio storico della testata web Tuttocampo.it.

Aneddoti, episodi e notizie sulle partite di questa stagione sono miei ricordi personali, in quanto tornai a seguire la squadra come collaboratore.

Di tutte le partite casalinghe di questa stagione esistono i servizi video realizzati da me per MarateaWebRadio-Tv International nonché per i profili web della società calcistica stessa.

y) Capitolo 25 (pp. 191-197)

I risultati della stagione presentata in questo capitolo provengono anch'essi dall'archivio storico della testata web Tuttocampo.it.

Aneddoti, episodi e notizie sulle partite di questa stagione sono miei ricordi personali, in quanto tornai a seguire la squadra come collaboratore.

Di tutte le partite casalinghe di questa stagione esistono i servizi video realizzati da me per MarateaWebRadio-Tv International nonché per i profili web della società calcistica stessa.

z) Appendice statistica (pp. 211-261)

I dati presentati nelle pagine che seguono provengono dagli articoli della *Gazzetta del Mezzogiorno,* dalle agende degli allenatori sopracitate e, per l'anno 2013, dall'archivio storico del sito *Tuttocampo.it.*

Per gli anni in cui non era disponibile documentazione, ho cercato di ricostruire almeno parte della rosa grazie ai nomi citati nelle comunicazioni settimanali del Giudice Sportivo nell'archivio del Comitato Regionale della F.I.G.C. di Potenza.

Appendice statistica.

a) *Giocatori nel 1933.*

1933	DATI INCOMPLETI
CALCIATORI	
Francesco Zaccaro	
Salvatore Raele	
Dionisio Romano	

b) Giocatori nella stagione 1949-50.

1949-50 All. R. Di Nunzio	**DATI INCOMPLETI**
CALCIATORI	
Vazzana	
Biagio Limongi	
Mosè Camarda	
Luigi La Torre	
Antonio Gambardella	
Antonino Pagliaro	
Andrea Casale	
Iannini	
Brancaglione	
Scarpetta	
Napolitano	
D'Onofrio	

Ferraioli I
Ferraioli II
Ciarno
Barbarella
Pepe

c) *Giocatori e reti dal 1962 al 1971.*

1962-63 All. B. Vitolo	**DATI INCOMPLETI**
CALCIATORI	
Francesco Massara	
Pietro Limongi	
Vincenzo D'Alascio	
Gaetano Limongi	
Antonio Gambardella	
Ninetto Mordente	
Biagio Albanese	
Gerardo Albanese	
Luigi De Filippo	
Arnaldo Schettino	

1963-64 All. B. Vitolo	**DATI INCOMPLETI**
CALCIATORI	
Giovanni Carluccio	
Giacomo La Torre	
Giovanni Limongi	

Gianpaolo Marchetto
Giuseppe Della Morte
Mario Di Trani
Francesco Schettino
Gianfranco Mazzei
Giovanni D'Angelo
Francesco Magliano
Biagio Trotta
Elio Avigliano
Biagio Zaccaro
Giuseppe Limongi
Pasquale Stoppelli
Fernando Panza
Pasquale Lammoglia
Sergio Morena

1964-65 All. B. Vitolo	**DATI** **INCOMPLETI**		
CALCIATORI		**PRESENZE**	**RETI**
Vito Marzano		5	
Giacomo La Torre		5	
Domenico Formica		5	
Gianpaolo Marchetto		4	
Mario Di Trani		2	
Gerardo Giannattasio		5	
Biagio Trotta		2	2
Gianfranco Mazzei		5	2
Donato		4	2

Francesco Magliano	5	5
Di Lascio	5	3
Giuseppe Guaglianone	1	
Smaldone	3	
Minieri	3	
Pasquale Stoppelli	1	

1965-66 All. B. Vitolo	**DATI INCOMPLETI**	
CALCIATORI	**PRESENZE**	**RETI**
Vito Marzano	8	
Giovanni Limongi	5	
Domenico Formica	10	
Nicola Manfredi	4	1
Mario Di Trani	7	
Gianpaolo Marchetto	10	1
D'Angelo I	7	3
D'Angelo II	8	4
Russo	1	
Gerardo Giannattasio	4	
Giuseppe Guaglianone	10	3
Domenico Scordo	5	
Biagio Limongi	2	
Tancredi	7	2
Donati	1	
Minieri	5	1
Flomenti	1	
Limongi II	3	
Michele D'Alascio	6	2

Vinci	2	
Elio Avigliano	1	
Filizzola	1	
Schettino	1	
Bombrini	1	

1966-67 All. V. Ferrulli	
CALCIATORI	**RETI**
Di Giuseppe	
Domenico Scordo	
Domenico Formica	
Giannattasio	2
Giuseppe Della Morte	
Mario Di Trani	
Orrico	
Giacomo La Torre	
Cassino	2
Domenico Riccio I	1
Carmine Riccio II	5
Luigi Gagliardo	9
Vincenzo Ferrulli	11
Giuseppe Guaglianone	9
Giuseppe Izzo	
Nicola Manfredi	

1967-68 All. G. Marchetto	**DATI INCOMPLETI**
CALCIATORI	**RETI**
Vito Marzano	
Angelo Schettino	
Tortorella	
Antonio Camarda	
Gaetano Iannini	
Terracina	
Biagio Trotta	2
Pasquale Lammoglia	1
Aldo Castaldo	4
Biagio Martino	4
Antonio Martino	
Plinio Avigliano	
Vicente Limongi	2
Gagliardi	
Bruno Vaccari	1

1968-69 All. G. Marchetto	**DATI INCOMPLETI**
CALCIATORI	**RETI**
Vito Marzano	
Bruno Di Biase	
Angelo Schettino	
Domenico Scordo	
Antonio Camarda	
Aldo Castaldo	3
Biagio Martino	2

Antonio Martino	
Plinio Avigliano	
Vicente Limongi	
Bruno Vaccari	1
Raffaele Montesano	
Gabriele Carluccio	
Nicola Manfredi	

1969-70 **DATI INCOMPLETI**

All. G. Marchetto

CALCIATORI	**RETI**
Vito Marzano	
Angelo Schettino	
Carmelo Gallo	
Minieri	
Gianpaolo Marchetto	
Pasquale Lammoglia	
Plinio Avigliano	2
Antonio Martino	1
Vicente Limongi	2
Filizzola	
Biagio Martino	4
Antonio Camarda	
Mario Velardi	
Aldo Castaldo	3
Raffaele Montesano	

1970-71 All. G. Marchetto	**DATI INCOMPLETI**
CALCIATORI	**RETI**
Vito Marzano	
Aldo Glosa	
Carmelo Gallo	
Angelo Schettino	
Antonio Camarda	
Gabriele Carluccio	
Gerardo Pisani	
Plinio Avigliano	
Antonio Martino	
Francesco Magliano	2
Biagio Martino	
Aldo Castaldo	2
Gaetano Iannini	
Rossi	1
Pasquale Lammoglia	
Aldo Castaldo	
Ettore Maestri	
Mario Velardi	

1971-72 All. G. Marchetto	DATI INCOMPLETI
CALCIATORI	**RETI**
Vito Marzano	
Avallone	
Carmelo Gallo	
Antonio Camarda	
Annuzzi	
Gabriele Carluccio	
Domenico Scordo	
Mario Velardi	
Biagio Martino	
Aldo Castaldo	
Pasquale Lammoglia	
Antonio Martino	
Antonio Castaldo	1
Gerardo Pisani	
Faraco	1
Giovanni Stoppelli	
Angelo Schettino	
Montesano	1

d) Calciatori e reti dal 1977 al 1991.

1977-78 All. V. Ferrulli	
CALCIATORI	**RETI**
Vito Marzano	
Salvatore Maccarone	
Antonio Panaino	1
Gabriele Carluccio	

Domenico Scordo	1
Ettore Maestri	
Maffeo	1
Raffaele Martino	6
Armando Panza	1
Vicente Limongi	7
Daniele Mandola	1
Juan Montesano	
Giuseppe Chiappetta	
Vincenzo Ferrulli	1
Mario Velardi	3
Bernardo Martino	
Gerardo Sarsale	
Pierangelo D'Alascio	
Enzo Sabia	
Michele Laino	1

1978-79 All. V. Ferrulli	**PRESENZE**		
CALCIATORI	**TITOLARE**	**SUBENTRATO**	**RETI**
Vito Marzano	9		
Salvatore Maccarone	6	1	
Raimondo Scaramuzzo	9		
Egidio Ielpo	13		1
Pasquale Capobianco	7		2
Gabriele Carluccio	6		
Juan Montesano	14		2
Aldo Di Trani	15		10

Armando Panza	14		4
Michelangelo Russo	11		3
Biagio Belvedere	3		
Raffaele Martino	6		4
Gerardo Sarsale	1		
Pasquale Liberatore		1	
Enzo Sabia	8		1
Michele Laino	1		
Antonio Panaino	11		
Giovanni Schettino	11		1
Michele Cimino	9		3
Ettore Maestri	6		
Vincenzo Ferrulli	4		1

1979-80 All. V. Ferrulli	**PRESENZE**		
CALCIATORI	**TITOLARE**	**SUBENTRATO**	**RETI**
Vito Marzano	13		
Salvatore Maccarone	1		
Raffaele Anello	7		
Antonio Panaino	12		
Egidio Ielpo	15		
Juan Montesano	16		1
Ettore Maestri	18		
Domenico Formica	20		1
Aldo Di Trani	18		9
Armando Panza	21		6
Biagio Belvedere	19		3
Vincenzo Ferrulli	15	1	2

Raffaele Martino	21		14
Agostino	9		
Carlo Amato	13		4
Aldo Castaldo	6		1
Oreste Esposito	2	1	
Bernardo Martino	3		
Angelo Baffari	2		
Agostino Coviello		1	

1980-81 All. P. Lammoglia	**PRESENZE** **(DATI INCOMPLETI)**		
CALCIATORI	**TITOLARE**	**SUBENTRATO**	**RETI**
Salvatore Maccarone	12		
Mario Spagnuolo	1		
Michele Talarico			
Bernardo Martino	1		
Egidio Ielpo	13		2
Juan Montesano	6		
Ettore Maestri	13		
Domenico Formica	13		2
Aldo Di Trani	13		4
Biagio Belvedere	10	1	
Vincenzo Giordano	13		3
Vincenzo Ferrulli	13		2
Raffaele Martino	6	1	2
Oreste Esposito		1	
Armando Panza	11		
Francesco De Rose	9		1
Carlo Caputo	7		3

1981-82 All. P. Lammoglia	**PRESENZE**		
CALCIATORI	**TITOLARE**	**SUBENTRATO**	**RETI**
Salvatore Maccarone	23		
Mario Spagnuolo	5	2	
Egidio Ielpo	25		
Domenico Formica	27		2
Domenico Cafiero	2	2	
Juan Montesano	28		
Maurizio Di Trani	8	3	
Enzo Giordano	27	1	7
Biagio Belvedere	29		2
Oreste Esposito	4	1	
Francesco De Rose	21	1	7
Raffaele Martino	29		21
Angelo Baffari			
Filippo Maimone	7	7	2
Bruno Pretelli	23	1	6
Domenico Caroprese	26		
Piero Colamarco	23	2	4
Diego Ferrara	8	13	1
Pasquale Capobianco		1	
Dino De Filippo	2	2	
Michele Talarico	1		
Biagio Di Mingo	1		
Michele Schettino		1	

1984-85 All. E. Avigliano	**PRESENZE**		
CALCIATORI	**TITOLARE**	**SUBENTRATO**	**RETI**
Antonio Marino	27		
Michele Talarico	3	2	
Antonio Salomone	23	1	1
Biagio Di Mingo	15	6	
Franco Carlomagno	30		
Maurizio Di Trani	19		1
Domenico Spagnuolo	24	3	1
Giovanni Cosentino	18	2	
Pasquale Crusco	29		3
Osvaldo Melfi	26		11
Gerardo De Filippo	8	9	1
Raffaele Martino	29		10
Santo Ramunno	23		
Antonio Da Lascio	2	1	
Orazio Martino	1	4	1
Biagio Belvedere	10	7	1
Bruno Pretelli	1		
Antonio Spagnuolo	16	9	2
Demetrio Forlano	26		6

1985-86 All. E. Avigliano	**PRESENZE**		
CALCIATORI	**TITOLARE**	**SUBENTRATO**	**RETI**
Antonio Marino	27	1	
Giovanni Limongi			
Ernesto Fiore	27		
Antonio Salomone	11		

Domenico Spagnuolo	30		
Antonio D'Alascio	7	6	1
Luigi Gangemi	29		
Giuseppe Basile	24		3
Santo Ramunno	26		1
Pasquale Capobianco	19	2	
Domenico Iulianello	27		7
Osvaldo Melfi	30		34
Antonio Chiappetta	16	3	6
Giovanni Cammarano	29		
Luca Bruzzese	18	8	10
Giuseppe Sarsale	1	7	1
Vincenzo Schettini	3	4	
Franco Bifano	3	4	
Biagino Sisinni	3		
Giuseppe Elia		1	

1986-87 All. E. Avigliano	**PRESENZE**		
CALCIATORI	**TITOLARE**	**SUBENTRATO**	**RETI**
Antonio Marino	19		
Michele Talarico	5		
Baiardini	3		
Domenico Spagnuolo	25		
Luigi Gangemi	22		
Pasquale Capobianco	7		
Antonio Longo	22	1	
Giovanni Cammarano	23		1
Ernesto Fiore	11		1

Biagio Di Mingo	19		1
Biagio Belvedere	17	3	1
Antonio Spagnuolo	11	1	2
Santo Ramunno	24		
Domenico Seccafico	14	1	
Osvaldo Melfi	27		22
Sasà Manfellotto	25		6
Luigi Masucci	12	1	
Luca Bruzzese	4	3	1
Giuseppe Basile	1	1	
Iulianello	3		
Lilli	1		
Dino De Filippo		1	
Antonio D'Alascio	2	2	
Vincenzo Zaccaro	2	1	
Giuseppe Sarsale		1	
Caso	1		

1987-88	**CAMPIONATO**			**COPPA ITALIA**		
All. E. Avigliano	**PRESENZE**			**PRESENZE**		
CALCIATORI	**TIT.**	**SUB.**	**RETI**	**TIT.**	**SUB.**	**RETI**
Antonio Marino	24			1		
Michele Talarico	1	2		1		
Michele Esposito	4	5	2			
Antonio D'Alascio	2	2		1		
Giuseppe Esposito	13	4				
Domenico Spagnuolo	25		1	2		
Ernesto Fiore	25			2		
Antonio Longo	19		1	1		

Supino	22					
Vincenzo Zaccaro	4	1				
Santo Ramunno	20			2		
Sasà Manfellotto	3		1	2		1
Torre	7	1	1	1		
Luigi Gangemi	2			1		
Giuseppe Elia	3	6	1		1	
Demetrio Forlano	13	4		2		
Correale	13	4	2			
Gino Paesano	23		18			
Luca Bruzzese	1			2		1
Biagio Di Mingo	12					
Antonio Armellino	9	1				
De Chiara	15		3			
Antonio Crusco	7		1			
Pasquale Capobianco	7			2		
Gerardo De Filippo	2	1				
Biagio Belvedere				2		

1988-89	**CAMPIONATO**		
All. E. Avigliano	**PRESENZE**		
CALCIATORI	**TITOLARE**	**SUBENTRATO**	**RETI**
Giovanni Celentano	19		
Antonio Marino	7		
Emiliano Polisciano	3	1	
Michele Concano	23		
Eugenio De Paola	19		
Biagio Di Mingo	25		

Rosario Paparozzi	15		1
Antonio Incarnato	23		1
Luigi Russo	18	2	4
Michele Esposito	16	2	4
Pasquale Leone	26		1
Guido Maisto	16		3
Sasà Manfellotto	21		12
Pasquale Capobianco	10		
Antonio Longo	1		
Supino	1		
Giuseppe Elia	10	5	
Santo Ramunno	3	1	
Dino De Filippo	5		
Biagino Sisinni	4		
Gabriele Accardi	14	1	
Giorgio Damiani	17	2	2
Faraco	1		
Simone Salvadori	1		
Occhiuzzi	2		
Vincenzo Zaccaro	1		
Raffaele Trentadue	12		2
Giuseppe Sarsale	1		
Francesco Attanasio	2	8	
Pasquale Formica	1		

1989-90	CAMPIONATO			COPPA ITALIA		
All. E. Avigliano	PRESENZE			PRESENZE		
CALCIATORI	**TIT.**	**SUB.**	**RETI**	**TIT.**	**SUB.**	**RETI**
Roberto Capobianco	18			4		
Emiliano Polisciano	6	2				
Antonio Marino	5					
Francesco Trotta		2				
Biagio Cesarino	1					
Gabriele Accardi	5	2		3		
Eugenio De Paola	20	1		3		
Biagio Di Mingo	24			3		
Roberto Ferrulli	26		2	4		
Giovanni Fiorillo	25	1	2	4		
Antonio Incarnato	27		1	4		
Massimiliano Bifano	12	1		2		
Miriano De Roberto	7	8		1		
Pasquale Leone	19			4		
Gino Paesano	29		13	4		3
Guido Maisto	16	2	1	3		1
Sasà Manfellotto	27	1	8	3		
Antonio D'Alascio	9	7				
Antonio Armellino	18	3		2		
Lupo	1					
Raffaele Paparozzi	1					
Giorgio Damiani		1				
Antonio Lubrano	14	1				
Raffaele Trentadue	1					
Michele Di Mingo	6	2				

Luigi Russo	4	2				
Luca Marotta	2	2	2			
Palazzo	1					
Pasquale Capobianco	4					
Bruno Gareffa	1					

1990-91 All. D. D'Imperio	**PRESENZE**		
CALCIATORI	**TITOLARE**	**SUBENTRATO**	**RETI**
Giuliano Greco	26		
Francesco Trotta			
Giuseppe Esposito	21	2	1
Mauro Pisani	28		
Roberto Ferrulli	18		1
Michele Di Mingo	21	4	
Antonio D'Alascio	1	1	
Carmelo La Torre	24		1
Antonello Fontana	29		7
Vincenzo Pesce	21	1	5
Eliseo Cosenza	20	3	3
Vito Cornetta	20		13
Saverio Menta	23	2	7
Pasquale Capobianco		1	
Gabriele Accardi	4	7	
Luca Marotta	2	8	2
Massimiliano Boccaccini	13	3	2
Massara	5		
Franco Iaria	20	1	1
Cataldo Tosto	7	3	1

Giuseppe Maimone	2	5	
Gaetano Marrelli	1	2	1
Gianfranco Limongi		1	
Gianpaolo Velardi		1	

1991-92 All. D. D'Imperio, dalla 18ª P. Lammoglia	**CAMPIONATO** **PRESENZE**			**COPPA ITALIA** **PRESENZE**		
CALCIATORI	**TIT.**	**SUB.**	**RETI**	**TIT.**	**SUB.**	**RETI**
Antonio Mariano	30			3		
Giuseppe Esposito	20		2			
Mauro Pisani	30			3		
Pace	13	7		3		
Franco Iaria	25		1	3		
Donato Zaccagnino	24	2	2	3		1
La Sala	2	1		3		
Giancarlo Muti	25		3		2	
Giuseppe La Scaleia	24		9			
Saverio Menta	2	1		1	1	
Felice Cetrangolo	25		5	3		2
Eliseo Cosenza	15	4	5	2		1
Stigliani	16	2	1	3		1
Danilo Gigante	22	2	9	3		1
Aleksander Aleksic	21			3		
Nocito	10	4				
Morrone	4	2				
Gaetano Marrelli	5	3			2	
Umberto Tarcinale	13		3			
Biagio Limongi		1				

Maimone	2					
Calabrese	1	2	1		1	
Gianpaolo Velardi	1					

1992-93 All. O. Pastina, dalla 18ª V. Martino	**CAMPIONATO** **PRESENZE**		
CALCIATORI	**TITOLARE**	**SUBENTRATO**	**RETI**
Paolo Priore	26		
Gianfranco Limongi	17	1	
Luigi Caputo	23		1
Giuseppe Maimone	20	2	
Antonio De Santis	23		1
Massimo Avallone	23		1
Gaetano Marrelli	15	4	
Antonello Fontana	26		2
Luca Marotta	15	4	5
Luigi Altieri	21	1	1
Vincenzo Trozzo	16	3	1
Saverio Menta	24		5
Nocito	2		1
Micuccio	24		3
Carmelo La Torre	7		1
Biagio Limongi	13	8	
Gareffa	3	4	
Petrillo	2		
Gianpaolo Velardi	1	5	
Vincenzo Chiappetta	1	1	

Michele Esposito	5		
Sciarappa	1		
Felice Cetrangolo	1		

1993-94 All. D. Formica, dalla 9ª L. E. Ferrante	**CAMPIONATO** **PRESENZE**			**COPPA ITALIA** **PRESENZE**		
CALCIATORI	**TIT.**	**SUB.**	**RETI**	**TIT.**	**SUB.**	**RETI**
Massimiliano Sorrentino	5			1		
Zoppi	3					
Stefano Aliberti				1		
Giuliano Greco	19					
Gianfranco Limongi	25		1	2		
Giuseppe Maimone	17	1		2		
Gaetano Marrelli	15	4			1	
Roberto Ferrulli	6			2		
Franco Iaria	23		2	2		
Giuseppe De Presbiteris	2	3		1	1	
Vincenzo Trozzo	20			1		
Felice Cetrangolo	10		3			
Vincenzo Marrelli	3	8		2		
Biagio Limongi	17	1	1	2		
Piro		1				
Christian Di Giovanni				2		
Marco De Aloe	21		2			
Maisto	3			1		
Alessandro Colangelo	21		3			

Saverio Menta	2	2		1		1
Gianluca Grosso	13		2			
Luca Marotta	16	1	5			
Luca Biafora	5	4				
Mauro Pisani	20	1				
Antonio Bollettino	11	4	2			
Gaetano Lenti	16					
Marco Maimone	1	5				
Biagio Di Mingo	2	2		2		1

1994-95	**CAMPIONATO**			**COPPA ITALIA**		
All. E. Avigliano, dalla 24ª Di Tommaso, dalla 28ª L. E. Ferrante	**PRESENZE**			**PRESENZE**		
CALCIATORI	**TIT.**	**SUB.**	**RETI**	**TIT.**	**SUB.**	**RETI**
Vincenzo Panza	2				1	
Roberto Capobianco	3			1		
Giuliano Greco	21					
Gianfranco Limongi	22	5	2	2		
Vincenzo Chiappetta	2			1		
Christian Di Giovanni	18	5			2	
Mauro Pisani	29		2	1		
Canio Calogero	23	3				
Felice Cetrangolo	20		4			
Pasquale Capobianco	4			1		2
Saverio Menta	1			2		
Alessandro Colangelo	27		6	1		
Andrea Forte	15	9	2			
Vincenzo Marrelli	7	2	3	2		
Vito Cornetta	15	1	10			

Luigi Angelucci	24	1	2			
Curto	3			1		
Emilio Sorato	10	2		2		
Massimo Mastrangelo	20	1	1			
Giulio Mancusi	15		2			
Biagio Di Mingo	7			1		
Mastrangelo	4	1				
Greco	1					
Josè Possidente	1	1				
Gabriele Accardi				1		
Cartolano		2		1		1
Maimone	6					
Luca Marotta				1		1
Vincenzo Trozzo	6		1			
La Scalea				1		
Tarantino	2		2			
Limongi				1		
Gianpaolo Velardi	1					
Marco Lopez				1		

1995-96	**CAMPIONATO**		
All. L. E. Ferrante	**PRESENZE**		
CALCIATORI	**TITOLARE**	**SUBENTRATO**	**RETI**
Gerardo Galdoporpora	27		
Stefano Aliberti	2	2	
Gianfranco Limongi	21	2	1
Gaetano Marrelli	20	5	1
Marco De Aloe	7	3	1
Marco Maimone	8	4	

Biagio Di Mingo	24		
Luigi Boccia	25		5
Fabio Liparoto	25		4
Danilo Gigante	5		1
Vincenzo Chiappetta	3	11	
Gaetano Lenti	28		1
Christian Di Giovanni	6	12	
Andrea Forte	13	9	3
Mauro Pisani	26		2
Josè Possidente	1	5	
Di Lascio		1	
Di Giorgio	1	3	
Luca Marotta	3	1	1
Antonio Catalano	19		
Egidio Fiatamone	23		5
Nicola Ricciuti	21		7
Pasquale Capobianco	9		
Giuseppe De Presbiteris		1	
Di Pede	1		1
Grande	1		

1996-97	**CAMPIONATO**			**COPPA ITALIA**		
All. B. Savarese	**PRESENZE**			**PRESENZE**		
CALCIATORI	**TIT.**	**SUB.**	**RETI**	**TIT.**	**SUB.**	**RETI**
Daniele Moreschi	18					
Vincenzo Colavolpe	4					
Tessitore	8					
Antonio Piscitelli		1				
Raffaele Fortunato	28	1	2			

Antonino Grosso	28	1				
Giuseppe Telesca	25	2				
Mauro Pisani	17	7	1			
Gustavo Cittadini	19					
Mariano Di Perna	25					
Donato Zaccagnino	26		4			
Antonio Catalano	1					
Vincenzo Trozzo	2	8				
Vito Cornetta	2	2	1			
Francesco Iannotti	25	2	3			
Paolo Panariello	28		12			
Egidio Fiatamone	4		1			
Andrea Forte	25	2	14			4
Christian Di Giovanni	1	16				
Cosimo Avallone	17	2				
Stefano Evoli		1				
Donato Turturiello	21		15			
Onofrio Avallone	6	5				
Paolino		2				
Biagio Bocchino		2				
Biagio Avigliano		1				
Nicola Panaino		1				

1997-98 All. D. Muratore	**CAMPIONATO**		
	PRESENZE		
CALCIATORI	**TITOLARE**	**SUBENTRATO**	**RETI**
Giuseppe Limongi	2		
Civale	4		
Vincenzo Colavolpe	5	1	1
Stefano Aliberti	18		
Biagio Avigliano	3	2	
Maimone	18	1	
Raffaele Fortunato	5		1
Onofrio Avallone	4	1	
Mauro Pisani	4		
M. Fortunato	5		
Biagio Bocchino	16	2	
Antonio Piscitelli	15	3	
Vincenzo Chiappetta	19	2	
Gentile	5		
Andrea Forte	5		5
Cosimo Avallone	5		
Barletta	2	1	
Paolino	2	1	
Corvo	3		
Calenda	3		
Gianfranco Limongi	17	1	
Vincenzo Trozzo	12		2
Davide Di Trani	17	1	2
Valerio De Filippo	4		
Antonio Viceconte	20		
Valentino Muscatello	4	3	
Nicola Panaino	5		

Biagio Zaccaro	9	3	
Roberto Corinto	1	4	
Domenico Torino	4	8	
Stefano Evoli	1		
Massimo Schettino	18	3	
Vincenzo Ciccone	18		5
Glosa	5		
Antonio Magnabosco	2	2	
Alessandro Mascolino	1	1	
Christian Di Giovanni	3		
Maisto	2	2	
Oliva	9		
Paolo Aliberti	1		
F. Limongi	1		
Giovanni Annuzzi		1	
Pierfranco De Marco		1	
Saverio Magurno		1	

1998-99	**CAMPIONATO**			**COPPA ITALIA**		
All. V. Limongi	**PRESENZE**			**PRESENZE**		
CALCIATORI	**TIT.**	**SUB.**	**RETI**	**TIT.**	**SUB.**	**RETI**
Vincenzo Colavolpe	3			1		
Stefano Aliberti					1	
Biagio Avigliano	1	2		1		
Simone Avigliano				1		
Roberto Corinto	4	2				
Christian Di Giovanni	6			1		
Valerio De Filippo	8					
Davide Di Trani	8					

Filardi	4					
Antonio Viceconte	8			1		
Vincenzo Trozzo	7		1	1		
Luca Marotta	5		3	1		
Nicola Panaino	7		2			
Vincenzo Ciccone	7			1		1
Antonio Magnabosco	3	1	3	1		
Gianfranco Limongi	6	1				
Vincenzo Marrelli	3					
Scovino	1					
Accardi		1				
Emanuele Viceconte	1		1			
Alessandro Mascolino	4			1		
Fusco	2	1				
Filippo Capano	3					
Valentino Muscatello	2	1				
Mainieri	2	1	1			
Biagio Bocchino		1				
Biagio Limongi	1	1				
Francesco Trotta	2					
Vincenzo Chiappetta	1	1				
Brando				1		

e) Giocatori dal 1999 al 2002.

1999-2000
All. F. Iaria
CALCIATORI
Alfonso D'Amore
Pasquale Cesarino
Gianpaolo Velardi
Gabriele Accardi
Biagio Zaccaro
Roberto Corinto
Pasquale Capobianco
Vincenzo Marrelli
Gianluca Zaccaro
Antonio Magnabosco
Pierpaolo Schettino
Luca Marotta
Christian Di Giovanni
Simone Avigliano
Giuseppe Annuzzo
Alessandro Mascolino
2000-2001
All. F. Iaria
CALCIATORI
Gianluca Zaccaro
Biagio Bocchino
Christian Di Giovanni
Luca Marotta
Pierpaolo Schettino
Domenico Torino

Michele Esposito
Enrico Montesano
Simone Avigliano
Giuseppe Elia
Gianluca Zaccaro
Pasquale Capobianco
Roberto Corinto
Giancarlo Sacco
Vincenzo Chiappetta
Gianpaolo Velardi
Gabriele Accardi
Franco Iaria
Salvatore Limongi

2001-2002

All. F. Iaria

CALCIATORI

Alfonso D'Amore
Pasquale Cesarino
Biagio Zaccaro
Gianluca Zaccaro
Antonio Magnabosco
Fabio Corinto
Mario Chiappetta
Giuseppe Corazzini
Domenico Torino
Salvatore Limongi
Pierpaolo Schettino
Pasquale Capobianco
Roberto Corinto
Simone Avigliano
Biagio Bocchino

Antonio Piscitelli
Davide Marrelli
Mario Martillotta
Paolo Brando
Valentino Muscatello
Christian Di Giovanni
Valentino Muscatello

f) Giocatori, presenze e reti della stagione 2005-06.

COGLIANDRINO MARATEA 2005-06

All. R. Calliari (dalla 22ª Salvatori).

CALCIATORI	TITOLARE	SUBENTRATO	RETI
Vincenzo Matteo	3		
Stefano Fortunato	5	1	
Edgardo Muratore	5	3	
Salvatorico Nieddu	19	2	
Marco Raschia	11		
Ciro Villani	4		
Antonio Galati Capraro	23	3	
Fabio Cante	3		
Vincenzo Montuori	2		
Samuele Bellitto Grillo		1	
Emanuele Fernandes	4	1	
Luca Fallico	4	1	1
Giuseppe Parasiliti	7	5	
Giuseppe Ferrari	16	7	
Vincenzo Messeri	23	1	13
Giacomo D'Alterio	2	1	
Giovanni Brando	11		
Salvatore Fiore	22	2	
Raffaele Nocerino	13	1	

Andrea Macaluso	5	1	
Vittorio Marzella	16	2	
Giuseppelia Brando	18	4	
Michele Di Lauro	4	2	1
Andrea Martino	4	2	
Francesco Di Puglia	2	1	
Danilo Schettino	3	2	
Norman Romano	13		1
Emanuel La Scaleia	7		2
Andrea G. Marino	17		
Ruben Santonicola	19		
Giuseppe La Scaleia	5		
Diego Arieta	4		
Mirko Maiello	5	1	
Matteo Accardi	12	1	
Andrea Lucera	13		
Giovanni Accettura	11		2
Mirko Badagliacca	12	1	1
Bruno Michelino	4	3	

g) Calciatori delle stagioni dal 2006-07 al 2008-09.

2006-07 **DATI INCOMPLETI**

All. A. Magnabosco

CALCIATORI
Paolo Aliberti
Mario Martillotta
Chiappetta
Luca Barone
Roberto Corinto

Mirko Schettino
A. Marrelli
Antonio Viceconte
Gianluca Zaccaro
Biagio Zaccaro
Luca Padulo
Vincenzo De Marco
Biagio Trotta
Davide Marrelli
Giuseppe Bisogno
Vincenzo Acquaviva
Simone Limongi
Andrea Licasale
Amedeo Trotta
Gianmarco Martino
Angelo Baffari
Palermo
Marrelli
Giancarlo Sacco
Peter Sacco
Magnabosco
Vincenzo Maimone
Massimo Schettino
Maimone
B. Maimone

2007-08 DATI INCOMPLETI	CAMPIONATO		
All. A. Magnabosco	PRESENZE		
CALCIATORI	TITOLARE	SUBENTRATO	RETI
Domenico Esposito	9		
Biagio Trotta	4	1	
Peter Sacco	1	5	
Mario Martillotta	10		
Stefano Corinto		1	
Roberto Corinto	7	1	2
Remo Morena	4	3	
Biagio Zaccaro	9		3
Gianluca Zaccaro	7		1
Antonio Viceconte	7	1	1
Vincenzo Acquaviva	8		2
Vincenzo Chiappetta	8		
Luca Marotta	5		2
Giancarlo Sacco	8	1	5
Vincenzo Maimone		6	
Francesco Di Puglia	7		5
Pasquale Agostino	4	1	
Luca Barone		1	
Christian Di Giovanni	5	1	
Paolo Aliberti	1		
Attilio Tatarano	2		
Luca Latella		2	
Caiafa	2		
Giacomo Polisciano	2		1

h) Giocatori, presenze e reti dal 2008 al 2022

2008-09 DATI INCOMPLETI

All. A. Magnabosco.

CALCIATORI
Pierpaolo Pretelli
Peter Sacco
Mario Martillotta
Gianfilippo Chiappetta
Vincenzo Maimone
Vincenzo Campagna
Vincenzo Chiappetta
Vincenzo Acquaviva
Gianluca Zaccaro
Francesco Di Puglia
Davide Castaldo
Mattia Sarsale
Nicola Panaino
Biagio Fabiano

2009-2010 DATI INCOMPLETI

All. A. Magnabosco

CALCIATORI
Pierpaolo Pretelli
Antonio Napolitano
Peter Sacco
Santino Agrelli

Luca Latella
Christian Di Giovanni
Gaetano Schettino
Remo Ferrara
Gianrocco Ciancia
Danilo Schettino
Cristian Matache
Mirko Schettino
Remo Morena
Vito Presta
Valentino Muscatello
Giacomo Polisciano
Bruno Schettino
Simone Limongi
Giuseppe Corazzini
Vincenzo Acquaviva
Vincenzo Chiappetta
Francesco Di Puglia
Vincenzo Campagna
Vincenzo Maimone
Nicola De Franco
Antonio Magnabosco
Domenico Iaria
Nicola Panaino
Mario Martillotta

2012-13 SAMBREMA MARATEA CALCIO

All. B. Avigliano

CALCIATORI	RETI
Antonio Napolitano	
Andrea Fabiano	
Vincenzo Maimone	
Giuseppe Maimone	9
Antonio Viceconte	1
Francesco Cernicchiaro	
Nicola Panaino	
Vincenzo Chiappetta	
Danilo Schettino	
Mirko Schettino	1
Vincenzo Acquaviva	1
Remo Morena	3
Giovanni De Filippo	
Dario Morena	
Giacomo Polisciano	2
Luca Cesarino	4
Biagio De Luca	
Giuseppe Maimone	
Saviel - Ernesto Antonio Zacarias	
Giuseppe Martino	
Benedetto Martino	
Francesco Brando	1
Raffaele Lammoglia	1
Antonio Chiappetta	

2013-14

All. B. Avigliano

CALCIATORI	RETI
Vincenzo Acquaviva	2
Biagio Bocchino	1
Luca Cesarino	5
Vincenzo Chiappetta	1
Francesco Di Puglia	6
Roberto Maestri	2
Giuseppe Maimone	5
Giacomo Polisciano	3
Marco Delvecchio	
Giuseppe Maimone	
Santino Agrelli	
Armando Salerni	
Andrea Cernicchiaro	
Biagio De Luca	
Federico Morena	
Antonio Napolitano	
Remo Morena	
Francesco Brando	
Edwin Hector Gonzalez	
Boris Maimone	
Giosuè D'Amore	

2014-15

All. B. Avigliano

CALCIATORI	RETI
Vincenzo Acquaviva	
Santino Agrelli	
Fabio Annuzzo	
Umberto Annuzzo	
Biagio Bocchino	
Pierpaolo Brando	2
Carmine Cantisani	18
Luca Cesarino	2
Enrico De Filippo	
Francesco Di Puglia	19
Francesco Fortunato	
Francesco Graziano	
Francesco La Banca	3
Vincenzo Lattuga	
Lorenzo Licasale	
Giovanni Limongi	1
Roberto Maestri	1
Boris Maimone	
Giuseppe Maimone	17
Saverio Maimone	2
Rodolfo Napoli	
Giacomo Polisciano	
Armando Salerni	
Antonio Viceconte	

2015-16

All. B. Avigliano (dalla 15ª R. Calliari)

CALCIATORI	RETI
Vincenzo Acquaviva	
Santino Agrelli	
Fabio Annuzzo	
Umberto Annuzzo	
Carmine Cantisani	15
Enrico De Filippo	
Antonio Falvella	1
Federico Sarsale	2
Giuseppe Ferrari	
Andrea Formica	4
Marco Formica	1
Francesco Graziano	
Francesco La Banca	5
Vincenzo Lattuga	
Lorenzo Licasale	
Roberto Maestri	
Boris Maimone	
Giuseppe Maimone	2
Saverio Maimone	3
Federico Morena	
Remo Morena	1
Rodolfo Napoli	
Armando Salerni	2
Ferdinando Sisca	1
Antonio Verbena	
Antonio Viceconte	

Rosario Vigorito	
Alessandro Cozzi	2

2016-17

All. A. Forte

CALCIATORI	**RETI**
Vincenzo Acquaviva	
Santino Agrelli	
Fabio Annuzzo	
Umberto Annuzzo	
Carmine Cantisani	3
Claudio Bianco	
Danilo Bianco	
Vincenzo Castiglia	4
Rosario Colombo	
Enrico De Filippo	
Francesco Di Puglia	4
Marco De Siervi	7
Nicola Falabella	10
Antonio Falvella	2
Federico Sarsale	
Giuseppe Ferrari	
Stefano Fiore	
Andrea Formica	4
Marco Formica	
Andrea Forte	2
Francesco Graziano	
Francesco La Banca	
Paolo Laino	9
Lorenzo Licasale	

Roberto Maestri	
Boris Maimone	
Giuseppe Maimone	12
Federico Morena	
Remo Morena	1
Rodolfo Napoli	2
Raffaele Oliva	
Giacomo Polisciano	
Armando Salerni	
Ferdinando Sisca	
Luca Supino	1
Antonio Viceconte	
Rosario Vigorito	

2017-18

All. A. Viceconte

CALCIATORI	RETI
Vincenzo Acquaviva	1
Giovanni Accardi	
Umberto Annuzzo	3
Niccolò Belvedere	3
Vincenzo Boschetti	1
Giuseppe Carlomagno	
Nicolò Carlomagno	
Giuseppe Crecca	
Enrico De Filippo	
Giulio Di Donna	2
Luca Fabiano	
Giuseppe Ferrari	

Paolo Galletta	
Marco Giffuni	
Mirko Giffuni	6
Francesco Graziano	3
Gaetano Ienaro	
Mattia Ienna	
Giovanni Lentini	2
Antonio Limongi	3
Matteo Limongi	1
Roberto Maestri	6
Cristian Maimone	
Gennaro Maimone	1
Giuseppe Maimone	2
Alex Trombino	1

2018-19

All. A. Viceconte

CALCIATORI	RETI
Vincenzo Acquaviva	1
Giovanni Accardi	
Umberto Annuzzo	
Niccolò Belvedere	5
Vincenzo Boschetti	2
Giuseppe Carlomagno	
Nicolò Carlomagno	
Giuseppe Crecca	
Enrico De Filippo	
Giulio Di Donna	
Francesco Di Puglia	10

Luca Fabiano	
Antonio Falvella	1
Giuseppe Ferrari	
Paolo Galletta	
Marco Giffuni	
Mirko Giffuni	
Francesco Graziano	
Pietro Ielpo	
Gaetano Ienaro	
Mattia Ienna	2
Giovanni Lentini	
Antonio Limongi	
Matteo Limongi	1
Roberto Maestri	
Cristian Maimone	
Gennaro Maimone	
Giuseppe Maimone	
Salvatore Piscitelli	3
Federico Sarsale	4
Giuseppe Sisca	
Alex Trombino	
Vincenzo Viceconte	

2019-20

All. B. Avigliano (dalla 11ª A. Vicenconte)

CALCIATORI	**RETI**
Vincenzo Acquaviva	2
Salvatore Corinto	
Giosuè D'Amore	1

Enrico De Filippo	
Francesco Di Puglia	6
Antonio Falvella	3
Orlando Favieri	
Andrea Formica	4
Marco Formica	4
Simone Formica	3
Eugenio Fulco	
Marco Giffuni	
Mirko Giffuni	
Domenico Iannotti	
Dario Ielpo	2
Pietro Ielpo	
Mattia Ienna	
Matteo Limongi	
Roberto Maestri	2
Cristian Maimone	
Giuseppe Maimone	4
Federico Morena	7
Armando Salerni	
Federico Sarsale	2
Biagio Surace	
Ruggiero Vaccaro	
Antonio Viceconte	

2020-21 All. A. Viceconte	Stagione interrotta dopo due giornate causa CoViD-19
CALCIATORI	**RETI**
Matteo Carluccio	
Enrico De Filippo	
Francesco Di Puglia	
Antonio Falvella	
Orlando Favieri	
Andrea Formica	
Marco Formica	
Simone Formica	1
Mirko Giffuni	
Dario Ielpo	
Paolo Laino	
Matteo Limongi	
Roberto Maestri	
Giuseppe Maimone	
Saverio Maimone	
Alessandro Massara	
Mattia Matellicani	
Federico Morena	
Giuseppe Napoleone	
Biagio Nobile	
Giuseppe Oliva	
Raffaele Papa	1
Giuseppe Salamone	1
Armando Salerni	
Federico Sarsale	

2021-22

All. A. Viceconte

CALCIATORI	RETI
Giuseppe Aliberti	1
Danilo Basuino	
Loris Bevilacqua	1
Claudio Bianco	1
Matteo Carluccio	
Alessandro Cirigliano	4
Giosuè D'Amore	1
Lazzaro De Filippo	
Giuseppe De Franco	
Francesco Di Puglia	
Antonio Falvella	6
Orlando Favieri	
Andrea Formica	3
Marco Formica	2
Simone Formica	
Marco Giffuni	
Mirko Giffuni	1
Nicola Lagioia	
Paolo Laino	17
Raffaele Lammoglia	
Giuseppe Maimone	4
Mattia Matellicani	13
Luciano Melchionda	1
Federico Morena	
Remo Morena	1
Biagio Nobile	
Emiliano Polisciano	

Biagio Surace	

2022-23
All. A. Viceconte

CALCIATORI	RETI
Giuseppe Aliberti	
Samuele Aliberti	
Danilo Basuino	
Loris Bevilacqua	2
Bakary Bojang	1
Giuseppe Carlomagno	
Matteo Carluccio	
Alessandro Cirigliano	3
Giosuè D'Amore	1
Lazzaro De Filippo	
Giuseppe De Franco	
Francesco Di Puglia	
Vincenzo Di Ruggero	
Antonio Falvella	1
Orlando Favieri	1
Donato Fittipaldi	
Andrea Formica	
Marco Formica	
Marco Giffuni	
Antonio Glosa	
Vincenzo Introcaso	
Paolo Laino	6
Raffaele Lammoglia	
Allen Limongi	
Giuseppe Maimone	

Saverio Maimone	5
Mattia Matellicani	15
Mattia Miceli	
Federico Morena	1
Remo Morena	
Antonio Olivieri	6
Salvatore Piscitelli	1
Brandon Posteraro	
Pietro Viceconte	7
Simone Zaccaro	1

Appendice fotografica.

Inaugurazione del campo sportivo La Quercia in località San Nicola - 1950

Inaugurazione stadio Europa - 30 gennaio 1986
Il Sindaco prof. Fernando Sisinni taglia il nastro tricolore sotto gli occhi degli ing. Francesco Fontana e Gerardo Vitolo, autori del progetto.

AS Audax Maratea - 1933: si riconoscono Pasquale Epifanio Iannini (primo in piedi da sinistra), Salvatore Raele (in piedi al centro con la fascia bianca in testa), Giuseppe Greco (terzo in piedi da destra), Dionisio Romano (primo in basso a sinistra) e Francesco Zaccaro (seduto al centro con il pallone sottomano).

Squadra amatoriale - 1940: in piedi da sinistra il primo Gerardo Vitolo, il quarto Dionisio Romano e l'ultimo a destra Biagio Vitolo; in basso Francesco Zaccaro con il pallone in mano, Mosè Camarda secondo da destra e Luigi La Torre terzo da destra. Foto scattata a Largo Monastero.

US La Turrita Maratea - 1950: i primi due in piedi da sinistra sono Biagio Vitolo e Mosè Camarda; accosciati primo da sinistra il portiere Biagio Limongi e ultimo a destra Luigi La Torre.

US La Turrita Maratea - 1950: in piedi da sinistra Vitolo, Iannini, Vazzana, La Torre, ?, Napolitano, ?; accosciati Gambardella, ?, Casale e Scarpetta.

Acquafredda, partita amichevole 9 vs 9 a Trecchina - primi anni '50: in piedi da sinistra Matteo Tedesco, Eduardo Lamarca, Mario Di Matteo e tre ferrovieri in servizio nella frazione; accosciati da sinistra Biagio Oliverio, Irnerio Faraco e Michele Graziano.

Partita amichevole 9 vs 9 allo stadio La Quercia, 1962: in piedi da sinistra Angelo Mazzei, Biagio Calderano, Gaetano Limongi, Pasquale Stoppelli, Mario Di Trani; accosciati da sinistra Gianfranco Mazzei, Pietro Limongi, Vincenzo D'Alascio e Blaise Maimone.

La Turrita Maratea - 1962-63: in piedi da sinistra Giacomo Fontana dirigente, Pietro Limongi, Vincenzo D'Alascio, Gaetano Limongi, Antonio Gambardella, Biagio Bleco Schettino dirigente, ?, ?, ?, Ninetto Mordente; accosciati da sinistra Francesco Massara, Biagio Albanese, Gerardo Albanese, Luigi De Filippo, Arnaldo Schettino e Antonio Martino dirigente.

Acquafredda - primi anni '60: in piedi da sinistra due dirigenti, Irnerio Faraco, Andrea Casale, Mario Graziano, Pierino Sfara, Giuseppe Guaglianone, Saverio D'Alascio e un anziano del posto; accosciati da sinistra Cesare Aprea, Aldo Colicchio, Franco Bardaro, Mario Murrone e Franco Ciponte.

S.C. Maratea - 1963-64: in piedi da sinistra Giovanni Carluccio, Gianpaolo Marchetti, Gianfranco Mazzei, Francesco Magliano, Giuseppe Della Morte, Biagio Trotta, l'allenatore Vitolo; accosciati da sinistra Fernando Panza, Mario Di Trani, Elio Avigliano, Giovanni D'Angelo, Giovanni Limongi con il piccolo Oscar D'Alascio, Giacomo La Torre e il massaggiatore Francesco Piro.

S.C. Maratea - 1963-64: in piedi da sinistra l'allenatore Vitolo, Giuseppe Limongi, Pasquale Lammoglia, Panza, Biagio Zaccaro, Pasquale Stoppelli, Gianpaolo Marchetti; accosciati da sinistra Giovanni Limongi, Giacomo La Torre, Biagio Trotta, il piccolo Oscar D'Alascio, Giovanni Carluccio e Mario Di Trani

S.C. Maratea - 1964-65: in piedi da sinistra il dirigente Minoli, Smaldone, Marchetto, Mazzei, Minieri, La Torre, Trotta e l'allenatore Vitolo; accosciati da sinistra Di Lascio, Magliano, Gerardo Giannattasio, Vito Marzano e Domenico Formica.

S.C. Maratea - 1964-65: in piedi da sinistra il Sindaco Vincenzo D'Alascio, Minieri, Mazzei, La Torre, Donato, Di Lascio, Stoppelli e i dirigenti Saverio Maimone e Francescantonio Laprea ; accosciati da sinistra Smaldone, Giannattasio, Magliano, Marzano, Formica e Limongi.

S.C. Maratea - 1965-66: in piedi da sinistra l'allenatore Vitolo, Michele D'Alascio, Tancredi, Formica, Minieri, Marchetto, Vinci; accosciati da sinistra Marzano, D'Angelo I, D'Angelo II, Guaglianone, Limongi e Gambardella.

S.C. Maratea - 1967-68: in piedi da sinistra Bruno De Biase, Gaetano Iannini, Domenico Scordo, Plinio Avigliano, Angelo Schettino, Bruno Vaccari, l'allenatore Marchetto e il dirigente Maimone; accosciati da sinistra l'accompagnatore tuttofare Mario Zullo, Antonio Camarda, Biagio Martino, Aldo Castaldo, Marzano, Raffaele Montesano e Vicente Limongi.

S.C. Maratea - 1968-69: in piedi da sinistra un accompagnatore, De Biase, Limongi, Scordo, Plinio Avigliano, Castaldo, Gabriele Carluccio, il tuttofare Zullo, l'allenatore Marchetto e il dirigente Gerardo Vitolo; accosciati da sinistra Vaccari, Biagio Martino, Nicola Manfredi, Marzano, Antonio Martino e Raffaele Montesano.

S.C. Maratea - 1970-71: in piedi da sinistra i dirigenti Maimone e Biagio Vitolo, Mario Velardi, Ettore Maestri, Marzano, Camarda, Lammoglia, Schettino, l'allenatore Marchetto e il presidente Nicola Feminella; accosciati da sinistra Carluccio, Carmelo Gallo, un giovanissimo Filippo Maimone, Gerardo Pisani, Magliano, Antonio e Biagio Martino e Aldo Glosa.

S.C. Maratea - 1972-73: in piedi da sinistra il dirigente Vitolo, l'allenatore Marchetto, il dirigente Maimone, Pisani, Vito Tedesco, Antonio Castaldo, Maestri, Lorenzini, Limongi e l'assistente allenatore Elio Avigliano; accosciati da sinistra il piccolo Pippo Maimone, Francesco Argenziano, Aldo Di Trani, Focaraccio, Aldo Castaldo, Armando Panza e Osvaldo Palermo.

S.C. Maratea - 1974-75: in piedi da sinistra Elio Avigliano ass. all., i dir. Vitolo e Pietro Limongi, Marzano, Vincenzo Ferrulli, Limongi, Maestri, il presidente Feminella, Velardi e il dir. Maimone; accosciati da sinistra Pippo Maimone, Pierangelo D'Alascio, Juan Montesano, Scanniello, Antonio Panaino, Aldo Castaldo, Raffaele Montesano, Bernardo Martino I e il guardalinee Bernardo Martino II.

Amichevole Maratea-Potenza - Maggio 1975: fra i potentini si riconoscono il futuro granata Giovanni Cammarano, al centro con la barba, Nando Scarpa, ultimo in rossoblù a destra, e il futuro allenatore del Maratea Biagio Savarese, primo in piedi da destra con il maglione a scacchi.

S.C. Maratea - 1975-76: in piedi da sinistra Marzano, Gabriele Zaccaro, D'Alascio, Panza, Maestri, Ferrulli, il dir. Maimone, Garreffa e l'ass. all. Avigliano; accosciati da sinistra Carluccio, Giuseppe Chiappetta, Giovanni Schettino, Raffaele Martino, Di Trani, Bernardo Martino e Velardi.

S.C. Maratea - 1977-78: in piedi da sinistra Antonio Muratore, Carluccio, Ferrulli, Panza, Maestri, Scordo, Salvatore Maccarone, Daniele Mandola, Gerardo Sarsale, Eugenio De Rosa dir., Avigliano ass. all.; accosciati di sinistra Raffaele Martino, Velardi, Marzano, Panaino, Juan Montesano, Maffei e Giuseppe Accardi;

S.C. Maratea - 1978-79: in piedi da sinistra il dir. Maimone, Egidio Ielpo, Oreste Esposito, Di Trani, Biagio Belvedere, Michele Cimino, Schettino, Pasquale Capobianco, Casimiro Verbicaro, Maestri, Panza e l'ass. all. Avigliano; accosciati da sinistra Panaino, Raffaele Martino, Maccarone, Juan Montesano e un giovanissimo Gianluca De Rosa

S.C. Maratea - 1979-80: in piedi da sinistra dir. Enrico De Filippo, Raffaele Anello, Di Trani, Panza, Michele Laino, Limongi, Maestri, Marzano, Scordo, Ferrulli, pres. Feminella, dir. Maimone, dir. Gaetano De Filippo; accosciati da sinistra Maccarone, Montesano, Enzo Sabia, R. Martino, B. Martino, Panaino, F. Maimone, A. Muratore, G. Sarsale.

S.C. Maratea - 1981-82: in piedi da sinistra vicepres. Luigi De Filippo, Diego Ferrara, all. Lammoglia, Formica, Piero Colamarco, Michele Talarico, Belvedere, Gaetano Brando, Bruno Pretelli, Maurizio Di Trani, Mario Spagnuolo, pres. Aldo Trotta, consiglieri Avigliano e Maimone; accosciati da sinistra Rocco e Mario De Filippo, Maccarone, R. Martino, Vincenzo Giordano, Francesco De Rose, Montesano, Ielpo e F. Maimone.

Calcio Marina - 1981-82: in piedi da sinistra due riserve, il pres. Aldo Ciccone, mass. Ernesto Accardi, Panaino, Biagio Aurelio, Maestri, Scordo, Panza, Enrico Spera, all. Palermo; accosciati quattro riserve tra cui, quarto da sinistra, Aurelio Torino, poi Giovanni Sacco, Vincenzo Martino, Di Trani, Pasquale Faviere e Bernardo Martino.

U.S. Massa - 1981-82: in piedi da sinistra all. Vicente Limongi, pres. Gaetano De Filippo, Gaetano Fusco, Gerardo Sarsale, Consiglio Pesce, Giuseppe Fedele, Mario Velardi, Gabriele Carluccio, Guido Intrieri, segr. Corrado Manzi; accosciati da sinistra Antonio Sarsale, Pietro Sisca, Nicola Papaleo, Bruno Morena, Alessandro De Filippo, Gerardo Piscitelli e Saverio Magurno

Un'altra immagine dell' S.C. Maratea - 1981-82: in piedi da sinistra all. Lammoglia. dir. Francesco Ambrosio, Maccarone, Domenico Cafiero, Maurizio Di Trani, Bruno Pretelli, Angelo Baffari, R. Martino, Ielpo e Michele Talarico; accosciati da sinistra Domenico Caroprese, F. Maimone, J. Montesano, Belvedere, De Rose e Formica.

S.C. Maratea - 1984-85: in piedi da sinistra Talarico, Franco Carlomagno, Orazio Martino, Di Trani, Pasquale Crusco, Osvaldo Melfi, Antonio Salomone, Santo Ramunno, il guardalinee Trombino; accosciati da sinistra Domenico Spagnuolo, Demetrio Forlano, R.Martino, Belvedere, Gerardo De Filippo, Antonio Marino, Antonio Spagnuolo, Biagio Di Mingo.

Il grande S.C. Maratea vincitore della Prima Categoria 1985-86: in piedi da sinistra all. Avigliano, Marino, Ernesto Fiore, Melfi, Giovanni Cammarano, Giuseppe Basile, Capobianco; accosciati Luca Bruzzese, D. Spagnuolo, Luigi Gangemi, Ramunno e Domenico Iulianello.

30 maggio 1987, trofeo Fernando Sisinni, S.C. Maratea-Inter 0-13: in piedi da sinistra l'ass. all. Lammoglia, Melfi, Fiore, Verdelli, Cammarano, Bruzzese, Di Mingo, Tardelli, Longo, Passarella, Malgioglio, Talarico, Calcaterra, Marino, Fanna, Velardi, All. Avigliano e ass. Cernicchiaro; accosciati da sinistra Piraccini, Ciocci, Minaudo, Baresi, Belvedere, Gangemi, Garlini, Sisinni, Sarsale e Ramunno.

S.C. Maratea - 1987-88: in piedi da sinistra il vicepres. Gabriele Schettino, Longo, Fiore, Di Mingo, Supino, De Chiara, l'assessore Cernicchiaro, il medico sociale dott. Giovanni Chiacchio, il massaggiatore Torino, Esposito e l'all. Avigliano; accosciati Marino, Paesano, D. Spagnuolo, Giuseppe Elia, Forlano, Correale e Talarico.

S.C. Maratea - 1988-89: in piedi da sinistra: l'assessore Sarsale, V. Martino, Maisto, M. Martino, De Paola, Polisciano, Accardi, Limongi Fioravante, Longano, Di Mingo, il Sindaco Brando, Manfellotto e fra le sue mani Biagio Avigliano, l'all. Elio Avigliano, P. Limongi; accosciati Cernicchiaro, Marino, Incarnato, Leone, Attanasio, Russo, Elia, Esposito, Torino e Schettino.

S.C. Maratea - 1989-90: in piedi da sinistra Fiorillo, Manfellotto, De Roberto, De Paola, R. Ferrulli, Paesano, Incarnato; accosciati Accardi, Leone, Capobianco e Armellino.

S.C. Maratea - 1991-92: in piedi da sinistra Mariano, La Scaleia, G. Esposito, Pisani, Zaccagnino, Iaria; accosciati Gigante, Tarcinale, Pace, Muti e Cetrangolo

S.C. Maratea - 1994-95: in piedi da sinistra l'all delle giovanili Droghini, Calogero, Mancusi, Sorato, G. Marrelli, G. Limongi, Pisani, V. Marrelli, Colangelo e il dirigente Velardi; accosciati Lopez, Forte, Angelucci, Di Giovanni, Cornetta, Mastrangelo, Cetrangolo e Greco.

Turrita Maratea - 1995-96: in piedi da sinistra il presidente Vitolo seminascosto, l'all. Ferrante, Sacco, G. Marrelli, Lenti, Galdoporpora, Marotta, B. Di Mingo, Pisani, Boccia, Di Giorgio, S. Aliberti; accosciati G. Limongi, M. Maimone, Forte, Possidente, Chiappetta, Di Giovanni, Gigante e Liparoto.

Inaugurazione Polisportiva Turrita - 16 settembre 1995: nella foto in alto, da sinistra il consigliere della Polisportiva Domenico Spagnuolo, l'ass. provinciale rag. Mario Di Trani, il consigliere della Polisportiva Vincenzo Limongi, l'eclettico Domenico Limongi Fioravante, il Rev. Padre Di Nunzio O.M.I., il Sindaco prof. Francesco Sisinni, la contessa Chiara Rivetti di Val Cervo, il presidente della Polisportiva Turrita comm. Biagio Vitolo, Padre Giovanni Fustaino O.M.I., l'ins. Aristide Limongi e Padre Erberto Cerracchio O.M.I. In basso un altro momento della manifestazione con l'intervento del Rev. Padre Di Nunzio. Alle sue spalle il dott. Cesare Evoli, assessore all'igiene e sanità.

Turrita Maratea - 1996-97: in piedi da sinistra il dirigente Possidente, Pisani, Turturiello, Cittadini, Zaccagnino, Panariello e Colavolpe; accosciati Grosso, Fortunato, Iannotti, Forte e Cosimo Avallone.

Nuova Maratea Calcio - 1999-2000: in piedi da sinistra il dirigente Di Giovanni, il pres. Cipolla, l'allenatore Iaria, i dirigenti P. De Marco e Avigliano, Accardi, Annuzzo, C. Zaccaro, V. Marrelli, Magnabosco, S. Avigliano, Marotta, i dirigenti G. Trotta, V. De Marco e B. Trotta; accosciati Capobianco, Mascolino, Schettino, B. Zaccaro, R. Corinto, D'Amore e il dirigente Greco.

Oratorio Domenico Lentini Maratea - 2006-07: in piedi da sinistra i dirigenti D. Longo e Spatuzzi, l'allenatore Magnabosco, Padulo, B. Maimone, S. Corinto, M. Schettino, Limongi, Marrelli, G. Zaccaro, Acquaviva, B. Trotta, Bisogno, A. Maimone, Licasale; accosciati il giovane B. Longo, De Marco, A. Trotta, Barone, Martino, Chiappetta, V. Maimone, Patroni e P. Aliberti.

Oratorio Domenico Lentini Maratea - 2009-10: in piedi da sinistra il dirigente F. Maimone, Matache, G. Schettino, M. Schettino, V. Chiappetta, Napolitano, P. Pretelli, S. Limongi, i dirigenti Brando e De Franco; accosciati Di Puglia, Corazzini, V. Maimone, Agrelli, Sacco e Latella.

Sanbrema Maratea Calcio - 2012-13: in piedi da sinistra l'all. B. Avigliano, Panaino, S. Limongi, Acquaviva, De Luca, Napolitano, V. Chiappetta, Polisciano, Cesarino, D. Morena, A. Chiappetta; accosciati G. Annuzzo, Viceconte, M. Schettino, G. Maimone, V. Maimone, R. Morena, D. Schettino, Martino e De Filippo

F.C. Maratea - 2013-14: in piedi da sinistra Cesarino, G. Maimone, l'all. Avigliano, Bocchino, Di Puglio, B. Maimone, Agrelli, F. Cernicchiaro, Chiappetta, A. Cernicchiaro, De Luca, Salerni, Sacco, S. Limongi, Gonzalez; accosciati Delvecchio, Polisciano, Acquaviva, G. Maimone e l'allenatore delle giovanili Calliari.

F.C. Maratea - 2014-15: in piedi da sinistra Fortunato, B. Maimone, Viceconte, De Filippo, G. Maimone, S. Maimone, La Banca, Lattuga, F. Brando, l'allenatore Avigliano; accosciati D. Maimone (non in rosa), Licasale, Napoli, Salerni, Maestri, Di Puglia, Agrelli, U. Annuzzo e Cantisani.

F.C. Maratea - 2015-16: in piedi da sinistra De Filippo, Brando, La Banca, Vigorito, B. Maimone, M. Formica, Brando, Pesce, Verbena, Cozzi, U. Annuzzo, A. Formica, l'all. Avigliano; accosciati il dirigente Pacchiano, Viceconte, Lattuga, S. Maimone, Acquaviva, Cantisani, Salerni, Sarsale, Napoli e R. Morena.

F.C. Maratea - 2016-17: in piedi da sinistra Castiglia, il dirigente Brando, G. Maimone, A. Formica, Supino, Cantisani, Falabella, il dirigente Boschetti, Falvella, D. Bianco, Vigorito, Sisca, la presidente Montesano, U. Annuzzo, l'all. Forte, Viceconte, il ds B. Velardi; accosciati il dirig. Pacchiano, De Filippo, C. Bianco, R. Morena, Sarsale, il guardalinee B. Giffuni, Laino, De Siervi e il piccolo A. M. Velardi.

F.C. Maratea - 2017-18: in piedi da sinistra Calliari, Fabiano, A. Limongi, Ienna, Graziano, M. Limongi, Lentini, U. Annuzzo, De Filippo, l'all. Viceconte; accosciati Boschetti, N. Carlomagno, Crecca, Ferrari, Maestri, Di Donna, Mirko Giffuni e Marco Giffuni.

F.C. Maratea - 2018-19: in piedi da sinistra il dirigente Piscitelli, l'all. Viceconte, G. Maimone, Annuzzo, Ienna, G. Sisca, Graziano, Carnevale, D'Attoli, De Filippo, Ielpo, i dirigenti Calliari e Boschetti; accosciati il vicepres. Pacchiano, Di Puglia, Mi. Giffuni, S. Piscitelli, N. Carlomagno, M. Limongi, Iannotti, Belvedere, Falvella, G. Carlomagno e V. Boschetti.

F.C. Maratea - 2019-20: in piedi da sinistra l'all. Avigliano, De Filippo, Viceconte, Iannotti, S. Corinto, S. Formica, G. Maimone, D. Ielpo, Fulco, A. Formica, Ienna, F. Morena, P. Ielpo, il ds Velardi; accosciati il pres. Ricciardi, Acquaviva, Di Puglia, Salerni, Maestri, B. Giffuni guardalinee, M. Formica, Falvella, C. Maimone, Surace e Sarsale.

F.C. Maratea - 2020-21: in piedi da sinistra il ds Velardi, l'all. Viceconte, Papa, G. Oliva, Favieri, Laino, S. Maimone, F. Morena, il pres. Ricciardi, il guardalinee Giffuni; accosciati il vicepres. Brando, Matellicani, Falvella, Sarsale, Salamone e Massara.

F.C. Maratea - 2021-22: in piedi da sinistra Laino, Favieri, Matellicani, A. Formica, Bevilacqua, L. De Filippo, Basuino, l'all. Viceconte; accosciati R. Morena, Cirigliano, Falvella e F. Morena.

F.C. Maratea - 2022-23: in piedi da sinistra S. Zaccaro, S. Maimone, Olivieri, Matellicani, R. Morena, Miceli, Cirigliano, Piscitelli, De Filippo, Laino e F. Morena.

Altri titoli nella Collana Maratea *su Amazon KDP.*

Divo Blasio. Ricerche storiche e sociologiche sul culto di S. Biagio a Maratea, di Luca Luongo (2020, 119 pp.)

Otto brevi saggi raccontano la storia e i risvolti sociali dietro il culto di S. Biagio di Sebaste, patrono di Maratea.
Leggende tramandate da generazioni conservano le tracce di antichi avvenimenti oggi dimenticati. Rituali ormai tradizionali nascondono simboli e allusioni a miti locali. Le secolari celebrazioni, tenute ogni anno a maggio, sono l'ultimo retaggio di una generazione dinamica e innovativa.

«Chi sa solo di calcio, non sa niente di calcio».

(José Mourinho).

Printed by Amazon Italia Logistica S.r.l.
Torrazza Piemonte (TO), Italy

50351120R10171